Los apóstoles

Una guía fascinante sobre los doce discípulos en el cristianismo, la era apostólica y el papel del Evangelio de Jesucristo en la historia cristiana

Tabla de contenidos

LOS APÓSTOLES...3

INTRODUCCIÓN 1

CAPÍTULO 1- PEDRO 4

CAPÍTULO 2 - ANDRÉS (EL PROTOCLETOS) 10

CAPÍTULO 3 - SANTIAGO (EL MAYOR) Y JUAN, HIJOS DE ZEBEDEO.. 16

CAPÍTULO 4 - SANTIAGO (EL MENOR) 25

CAPÍTULO 5 - FELIPE Y BARTOLOMÉ...................................... 29

CAPÍTULO 6 - MATEO 42

CAPÍTULO 7 - TOMÁS.. 50

CAPÍTULO 8 - JUDAS Y SIMÓN (EL ZELOTE)........................... 56

CAPÍTULO 9 - JUDAS ISCARIOTE Y MATÍAS............................. 67

CAPÍTULO 10 - PABLO... 78

CONCLUSIÓN.. 84

VEA MÁS LIBROS ESCRITOS POR CAPTIVATING HISTORY 87

FUENTES DE CONSULTA 88

Introducción

Han pasado siglos desde el tiempo en que Jesús y sus primeros doce seguidores caminaron entre la gente. En ese tiempo, muchas cosas han quedado en la oscuridad o se han perdido para la historia, y puede que los eruditos nunca las recuperen. Aunque la información puede salir del conocimiento común, en ocasiones pueden resurgir hechos nuevos u olvidados anteriormente. Este libro le dará una breve descripción de la información aceptada con respecto a los doce apóstoles, mostrándole quiénes eran estos hombres y lo que probablemente les sucedió. Con suerte, este libro lo alentará a realizar más investigaciones en esta área.

Al igual que con muchos temas religiosos e históricos, se han publicado y se siguen publicando volúmenes sobre los detalles más pequeños. Para evitar abrumarlo, aquí se harán algunas aclaraciones para facilitar la comprensión y la simplicidad de la escritura. Cuando usamos el término «apóstol», nos referiremos solo a los hombres enumerados específicamente en los libros de Mateo, Marcos y Lucas. Sin embargo, encontrará información sobre Matías y Pablo, así como una discusión de sus lugares en esta lista como posibles apóstoles decimotercero y decimocuarto. Esta distinción es importante, ya que «apóstol» se confunde con frecuencia con el término similar «discípulo». Para nuestros propósitos, un discípulo es cualquier persona que cree en Jesús (no discutiremos varias facciones o denominaciones). Cuando se usa el término apóstol en este libro, solo se refiere a los hombres nombrados en la Biblia. Desde la época de

Cristo, cualquiera puede ser discípulo, pero solo los hombres que se analizan a continuación se consideran apóstoles oficiales.

Como otro punto de aclaración, existe cierta confusión y debate sobre cómo se nombró a los apóstoles, no solo en el orden de su llamado, sino también en los términos reales utilizados para referirse a ellos. Como veremos en las secciones sobre Judas o Bartolomé, algunos eruditos incluso debaten un hecho aparentemente simple como los nombres. Por lo tanto, nuevamente, por simplicidad, los nombres utilizados serán los que se enumeran específicamente en Mateo, Marcos y Lucas, con comentarios adicionales para mayor claridad donde se repiten los nombres. Para el lector con inclinaciones artísticas, también habrá una breve mención de cómo se representan típicamente a estos hombres (qué símbolos están asociados con ellos y cómo pueden identificarse en pinturas o esculturas).

Finalmente, es importante recordar que los libros que utilizamos como nuestros principales materiales de referencia se escribieron en algún momento de la segunda mitad del siglo I. Por si los dos milenios transcurridos entre entonces y ahora no fueran suficientes, estos materiales estuvieron expuestos a los mismos elementos, manipulación y maltrato que nuestros libros actuales. Los estudiosos han reunido lo que creen que son las mejores representaciones de los textos originales. Al combinar esto con relatos históricos extrabíblicos, podemos estudiar a estos hombres de la misma manera que uno estudiaría a Homero o Tutankamón. Como el lector verá, la Biblia tiene muy poco que decir acerca de algunos apóstoles, aparte de dar un nombre en una lista. Para otros, tenemos cartas reales que escribieron en otros libros de la Biblia. Se discutirán y anotarán otros textos históricos donde las referencias bíblicas son escasas.

Los capítulos están ordenados de una manera un tanto suelta. Este libro sigue de cerca las listas bíblicas, pero también empareja a los hombres cuando es posible para mayor claridad o debido a asociaciones cercanas. Esperamos brindarle una descripción general práctica e informativa que pueda usarse como una herramienta de referencia y un punto de partida para una investigación más profunda de algunos de los hombres más famosos y, a menudo, misteriosos de la Biblia. Para facilitar la lectura, todas las referencias de texto son de la Nueva versión internacional de la Biblia, y las fechas históricas conservan las denotaciones tradicionales de a. C. y d. C.

Capítulo 1- Pedro

Este volumen intentará reflejar la estructura de los autores del Nuevo Testamento tanto como sea posible. Entonces, con eso en mente, comenzaremos nuestra lista con Pedro, ya que a menudo se lo encuentra primero en la lista de apóstoles. A medida que vaya leyendo, se dará cuenta de que, a pesar de la base aparentemente sólida del conocimiento bíblico aceptado, algunas cosas sorprendentes se siguen considerando objeto de debate o una cuestión de preferencia personal. Un buen ejemplo de esto último es el apodo de Pedro.

El Nuevo Testamento parece dar a entender que el nombre de nacimiento de Pedro era Simón. Probablemente era algún tipo de pescador, aunque esta ocupación no es tan simplista como cabría imaginar. Pedro era también hermano del apóstol Andrés, y Jesús llamó a los dos al mismo tiempo mientras trabajaban. El texto bíblico sitúa el lugar de este trascendental encuentro en torno al lago de Genesaret, que no está lejos del mar de Galilea, al este de Betsaida, la probable ciudad natal de la familia. Es interesante observar que, si bien Andrés es considerado el primer apóstol llamado (de ahí el sobrenombre de *Protocleta*), Pedro ocupa siempre el primer lugar en el Nuevo Testamento.

Existen diversas teorías sobre el orden de los nombres en las listas de apóstoles. Algunos sostienen que muestra importancia, familiaridad o relevancia para el texto. Otros afirman que el orden es completamente irrelevante o que la gente le da demasiada importancia. Sea como fuere, la primera posición de Pedro apoya la idea de que fue señalado como una especie de «líder» del grupo, especialmente una vez que Jesús ya no estaba presente en estado físico.

Esto, junto con una declaración particular de Cristo, condujo a una de las mayores diferencias entre la Iglesia católica y otras entidades cristianas: la adhesión al papa.

Pedro recibió muchos nombres: Simón, Pedro, Simón-Pedro, Cefas y Petros, por nombrar los más familiares. Aunque Simón era su nombre de pila, Jesús declaró más tarde que Simón se llamaría Pedro.

El nombre de Pedro adquiere una mayor importancia. La palabra *Cefas* en arameo y su contraparte griega, *Petros*, significan «roca». Hay cierto debate sobre lo que Jesús estaba implicando aquí, ya que el término griego no solo nunca se usa para un nombre, sino que también es gramaticalmente un sustantivo femenino. Ha habido sugerencias de que podría ser similar al apodo más común «Rocky». Sin embargo, lo que pone en primer plano esta elección de nombre aparentemente arbitraria es la declaración de Jesús en Mateo 16:18 de que «sobre esta roca [*petros*] edificaré mi iglesia».

Este es uno de los momentos más claros en la historia de la iglesia en el que una declaración aparentemente pequeña, solo una frase en realidad, tuvo un impacto increíble en la historia mundial. La Iglesia católica argumentó que Jesús afirma claramente que edificará su iglesia sobre Pedro, posiblemente su línea de sangre y ciertamente a través de su ejemplo. Se podría decir que Pedro actuó como el «primer papa», ya que dirigió al grupo de creyentes con una bendición única del mismo Jesús. La idea continúa hoy en la jerarquía católica.

Una interpretación opuesta es que Jesús no se refiere al propio Pedro, sino a lo que Pedro ha dicho en los versículos anteriores. Jesús acaba de preguntar a algunos de los hombres quién creen que es. Los apóstoles responden con diversas opiniones, pero Pedro tiene la última palabra. Dice que Jesús es el Mesías. Una interpretación no católica diría que esta respuesta es la verdadera «roca» a la que Jesús se refiere, no el hombre que dio la respuesta.

Está fuera del alcance de este libro ahondar en los entresijos teológicos de un texto que mentes brillantes han debatido durante cientos de años. El argumento anterior solo se menciona porque es una discusión bastante importante cuando se trata de Pedro, por lo que es casi imposible no tocarlo en esta breve biografía de Pedro.

Aparte de todo esto, ¿qué sabemos realmente sobre Pedro, el pescador?

Formaba parte de una familia de pescadores ubicada no lejos de la principal área de ministerio de Jesús. Si bien la imagen mental típica de Pedro es un hombre en un bote pequeño, lanzando redes a un lado y tirando manualmente de lo que podía, los eruditos más recientemente han comenzado a considerar la posibilidad de que Pedro y Andrés, aunque se los consideraba «pescadores», probablemente estuvieran en el lado comercial de las cosas. No es raro que alguien, muy probablemente su padre, haya tenido algún tipo de permiso o licencia que le permita pescar en ciertas áreas, no muy diferente de una licencia de licor en la actualidad. Habría contratado hombres (en nuestro ejemplo, camareros, camareras, etc.) para hacer el trabajo real. Entonces, con esto en mente, existe la posibilidad de que Pedro y Andrés fueran más parecidos a los gerentes que a los hombres quemados por el sol en botes. Tendría más sentido, ya que los hombres se alejaron de su trabajo para seguir a Jesús, pero esto es simplemente una conjetura.

Sabemos que Jesús utilizó al menos una de las barcas de la familia cuando se subió al agua para predicar en Lucas. Para argumentar el otro lado de las cosas, Pedro también está involucrado en la historia en la que Jesús instruye a los pescadores que han pescado toda la noche y no han sacado nada a que echen sus redes al otro lado, donde sacan una gran carga de peces. Pedro estaba allí para la alimentación del milagro de los cinco mil y también participó en una curación en Cafarnaúm. Lo que hace que el milagro de Cafarnaúm sea especialmente interesante es que se dice que Jesús sanó a la suegra de Pedro.

No se sabe mucho sobre la vida personal de muchos de estos primeros creyentes, aunque se puede hacer alguna extrapolación. Desafortunadamente, los primeros escritores estaban rodeados por el enfoque principal de las Escrituras. Las Escrituras no estaban destinadas a dar una biografía o hagiografía («vida de un santo»), sino más bien a promover las enseñanzas de Jesús. Además, parece probable que los primeros escritos, especialmente como veremos con Pablo, probablemente no se consideraran documentos demasiado sagrados; habrían sido similares a una carta personal de hoy.

Sin embargo, tenemos varias referencias a Pedro a lo largo de la literatura histórica y paulina que nos dan una idea de su importancia y sus acciones. Aunque a Pedro se lo suele pintar bajo una luz poco estelar, también se puede argumentar que es un representante del grupo o simplemente el más hablador. Aunque Pedro afirma sin rodeos que Jesús es el Cristo o Mesías tanto en Mateo como en Marcos, este último también equilibra la humanidad del individuo. En Marcos 8, vemos a Pedro intentando salvar a Jesús del arresto y la persecución, a lo que Jesús responde con la mordaz afirmación: «Apártate de mí, Satanás». Por otra parte, Juan registra la pregunta casi conmovedora de Pedro: «¿A quién iremos?», cuando Jesús le pregunta si los doce lo abandonarán, como habían hecho muchos de los creyentes por aquel entonces.

Al igual que Tomás, Pedro suele ser más recordado por sus momentos de debilidad. Pedro es el apóstol que más descaradamente se distancia de Jesús cuando la situación se pone tensa, negando tres veces su conocimiento del hombre. Sin embargo, también es preguntado en un número paralelo de ocasiones por Jesús si lo ama. Algunos podrían considerar este tipo de recursos literarios como una intrusión del autor en el texto o simplemente como una alineación fortuita del registro histórico.

Independientemente de las diversas opiniones bíblicas sobre Pedro, hay una serie de relatos extrabíblicos que parecen apoyar la realidad de su existencia. Aunque la inmensa mayoría de las iglesias cristianas no consideran estos libros apócrifos parte de la Biblia oficial, ofrecen interesantes perspectivas y alusiones que apoyan el hecho de que existió un hombre llamado Pedro (o Tomás o Jesús) y que fue tema de acaloradas discusiones en torno al año 30 d. C.

Aparte de las cartas 1 y 2 de Pedro, que afirman ser del apóstol mismo, también están la Predicación de Pedro, el Evangelio de Pedro y los Hechos de Pedro, aunque ninguno de estos libros ha sido aceptado como textos bíblicos. Lo importante es que, aunque no se consideran sagradas escrituras, suelen validar o respaldar relatos bíblicos, a menudo con personajes políticos e históricos apropiados implicados en los hechos. Si bien estos libros contienen historias con las que la Biblia no siempre se alinea (Pedro, en particular, tiene un encuentro con un hombre llamado Magus, que aparece en numerosas fuentes extrabíblicas), proporcionan algunas de las ideas que se ven hoy en día como «tradición de la iglesia». Sin implicar ninguna denigración del término, «tradición» típicamente significa que es algo que generalmente se cree, pero no hay evidencia específica que lo respalde, aparte de que se ha creído generalmente durante mucho tiempo.

De la tradición de la Iglesia, recibimos un gran número de biografías de los apóstoles, en particular el final de sus vidas. Está claro para cualquier lector de la Biblia que la gran mayoría de las Escrituras tienen lugar en un período de tiempo muy corto. Como es el caso de Pedro, algunos de ellos estaban vivos cuando se escribieron las Escrituras. Por lo tanto, al estudiar a los individuos en un nivel más específico, uno debe hacer lo mejor que pueda y juzgar las fuentes como mejor le parezca. La gran mayoría de la tradición de la iglesia tiene poco que ver con la doctrina real de la iglesia y más que ver con «completar» las historias de una forma u otra.

Dicho todo esto, si bien se puede inferir de la Biblia que Pedro fue a Roma como misionero, es a través de textos extrabíblicos que el lector puede comenzar a reconstruir el final de la vida de Pedro. La fecha tradicional de su muerte (en algún momento alrededor del año 64 d. C., cuando Roma se quemó durante el reinado de Nerón) y la forma (crucifixión invertida) se encuentran en textos extrabíblicos. Finalmente, para aquellos que buscan identificar a Pedro en pinturas y arte clásicos, se lo ve con mayor frecuencia sosteniendo un juego de llaves. De hecho, si alguien tiene las llaves, se puede suponer que este hombre es Pedro. El simbolismo de las llaves se basa en otra breve declaración de Cristo.

Una pintura de San Pedro de Peter Paul Rubens
https://commons.wikimedia.org/wiki/File:Pope-peter_pprubens.jpg

Después de la confesión de fe de Pedro y el comentario de Jesús de que edificará una iglesia sobre esa «roca», Jesús dice que le dará a Pedro «las llaves del cielo». De la manera bíblica típica, esta declaración presumiblemente metafórica sobre las llaves es seguida por un comentario un tanto desconcertante que parece implicar que Pedro está a cargo de quién puede entrar al cielo y quién no. De esto, obtenemos nuestra imagen familiar de San Pedro en las Puertas nacaradas, así como, irónicamente, la base de muchas bromas.

Capítulo 2 - Andrés (el Protocletos)

Aunque intentaremos mantenernos en línea con las listas bíblicas hasta cierto punto, los lectores del Nuevo Testamento se darán cuenta enseguida de que las listas no son exactamente paralelas. Si bien hay algunas consistencias (Pedro tiende a ser el primero, mientras que Judas Iscariote tiende a ser el último), hay cierto espacio para el reordenamiento dependiendo del autor en particular. Esto nos da un poco de margen de maniobra en nuestro libro. Entonces, con eso en mente, el siguiente paso lógico es pasar directamente a Andrés.

Como mencionamos en el capítulo anterior, Andrés era el hermano de Pedro. Aunque Pedro es tradicionalmente el primero en la lista, a Andrés se le dio el apodo de «Protocletos», que literalmente se traduce como «el primer llamado». Tal vez esto no signifique nada en el esquema general de las cosas, pero para mayor claridad, cuando los hermanos son llamados mientras pescan, el nombre de Pedro aparece en primer lugar. Entonces, ¿cómo damos este paso para darle a Andrés el nombre de «el primero llamado»?

La respuesta está en uno de los aspectos más controvertidos de la Biblia: su continuidad. Los cuatro Evangelios se separan típicamente en dos grupos. El primer grupo, Mateo, Marcos y Lucas, se llama Evangelios Sinópticos. Esta palabra procede de la misma raíz que «sinopsis», lo que significa que estos tres escritores tendían a ofrecer lo que podría considerarse un resumen básico o una visión general de la vida y las enseñanzas de Jesús. Como veremos más adelante con Juan, su Evangelio adopta un enfoque más teológico de las cosas; se lee más como una pieza de literatura que como una historia breve y, por lo tanto, a menudo se deja de lado. Si bien esto no significa que la obra de Juan sea vista como menos importante, desde un aspecto práctico, hace que una cosa sea más difícil: una práctica conocida como armonizar los Evangelios.

Como su nombre lo indica, armonizar Mateo, Marcos y Lucas significa encontrar las secciones en cada libro que describen un caso en particular y mirarlas como un grupo. Si bien los tres Evangelios no son precisamente los mismos, como se debe suponer, dado que fueron escritos en diferentes momentos por diferentes personas y por diferentes razones, tienen cierta interacción y dependen unos de otros hasta cierto punto. Incluso se ha argumentado que Mateo usó el Evangelio de Marcos como una especie de plantilla para el suyo.

Dado que algunos de estos aspectos se tratarán en secciones posteriores, bastará con señalar aquí que, mientras Mateo y Lucas comparten la misma historia de Jesús llamando a Pedro y Andrés para que se alejen de sus barcas, Juan ofrece una interpretación diferente. En la narración de Juan, nos enteramos de que Andrés ha sido seguidor de Juan el Bautista durante algún tiempo, y es a través de este último que Andrés conoce por primera vez quién es Jesús. Después de esto, Andrés va y pasa el día con Jesús antes de partir en busca de su hermano Pedro. Después, los dos buscan a Jesús para tener una conversación más larga con él, que es cuando Pedro se convierte en creyente. Así pues, aunque Pedro y Andrés pueden haber conocido a Jesús juntos, se puede argumentar que el hecho de que Andrés dejara a Juan el Bautista para seguir a Cristo antes de buscar a Pedro lo convierte en el primer apóstol llamado.

Hay una serie de cosas que hacen de Andrew una persona interesante, pero primero, vamos a tocar su nombre. Si bien la gran mayoría de las Biblias de hoy en día se han escrito con la facilidad del lector en mente, muchos de los nombres se han castellanizado hasta cierto punto y, para bien o para mal, oscurecieron algunos de los hechos que saltarían a los lectores del siglo I. Andrés, Pedro, Santiago, José, María son nombres muy típicos de hoy. Sin embargo, en la época del Nuevo Testamento, lo que llamaría la atención de un lector de inmediato es que Andrés, o «Andreas», como se lo habría conocido, tenía un nombre particularmente griego, en oposición a un nombre más judío como uno esperaría para un hombre que siguió al «Rey de los Judíos». Hay algunas conjeturas de que tal vez como Pedro, que se llamaba Simón, Andrés tenía un nombre más hebraico que se ha perdido en la historia. Cualquiera que sea el caso, este es un ejemplo perfecto de cómo estos detalles aparentemente minúsculos o mundanos de las investigaciones bíblicas deben ser tomados en consideración por el estudioso serio, lector aficionado u otro tipo.

Andrés también nos proporciona una buena puerta de entrada a una de las otras dificultades que los lectores encuentran al estudiar a individuos particulares en la Biblia: no hay mucha información. Podemos inferir que Andrés a menudo estaba presente en los eventos que suceden en los Evangelios, pero no se lo menciona mucho en el texto. Él localiza al niño con los panes y los peces al comienzo del milagro de la alimentación masiva. Se lo menciona por su nombre con Pedro, Santiago y Juan cuando Jesús predice la destrucción del templo. Andrés también es visto con Felipe cuando los griegos vienen a buscar a Jesús antes de la Pasión. Pero, fuera de las listas de apóstoles, los Evangelios Sinópticos tienen muy poco que decir sobre Andrés, lo que deja al lector dependiente del Evangelio de Juan y los textos apócrifos para aprender más sobre dónde fue el hombre y qué hizo.

En lo que respecta a Andrés, podemos encontrar un grupo bastante amplio de textos y tradiciones que, en cierta medida, concuerdan entre sí. Si bien el lector puede esperar que cada obra apócrifa sea independiente de una manera única, es importante recordar la discusión anterior con respecto a los escritores de los Evangelios. De la misma manera que Mateo parece haber leído a Marcos, muchas obras extrabíblicas caen en patrones similares de repetición o, al menos, imitación. Por lo tanto, cuando uno se encuentra con los Hechos apócrifos de Andrés, no debería ser del todo sorprendente encontrar que se lee sorprendentemente similar a los Hechos de Pedro, hasta el punto de que casi se siente como si solo se hubieran cambiado los nombres. Otro texto que presenta a Andrés lleva el título casi al estilo de Julio Verne, Hechos de Andrés y Matías en la ciudad de los Caníbales.

Vale la pena señalar para aquellos lectores que tienen la preocupación muy válida de que podríamos haber «perdido» parte de la Biblia o no haber recopilado las obras correctas, que también hay un libro llamado la Pasión de Andrés. Este libro es un gran ejemplo de lo que pasó y lo que no pasó la selección para la Santa Biblia «oficial» (y recuerde que no todas las Biblias tienen los mismos libros). La Pasión de Andrés no pasó la prueba de fuego teológica por una razón muy particular; no se creía que se hubiera escrito hasta aproximadamente el siglo VI. Los autores de todos los demás libros del Nuevo Testamento estaban vivos durante el tiempo de Jesús o en contacto directo con el hombre mismo.

Independientemente de lo que uno piense de estas obras, es importante tener en cuenta que rara vez son más fantásticas que la Biblia misma. Los milagros se realizan, pero los textos a menudo se leen más como una recopilación de dichos, similar a lo que tenemos para Marco Aurelio o Confucio. El uso del término «evangelio» en los rollos que se denotan a sí mismos como tales es a menudo un nombre inapropiado y una bandera de advertencia para que los lectores procedan con precaución.

Dicho esto, encontramos una gran variedad de información menos fantástica sobre Andrés en las obras apócrifas y la tradición de la iglesia. En un grupo de hombres que aparentemente viajaban mucho, Andrés estaría en la parte superior de la lista por los kilómetros recorridos si realmente caminara a todos los lugares que afirmó. La tradición dice que estuvo en Escitia en un momento dado. Escitia era una gran área que se extendía hasta la actual Polonia, Irán y Kazajstán, aunque estaba en proceso de contracción en ese momento y durante todo el siglo II. No está claro a dónde fue exactamente Andrés, de la misma manera que lo sería hoy si alguien dijera que fue a Canadá o Asia. Es un área grande, y faltan los detalles. Sabemos que Escitia era un área extremadamente anticristiana en ese momento. Si bien parece el último lugar al que un misionero querría ir, sus puntos de vista anticristianos probablemente ayudaron a colocarlo en la parte superior de la lista.

Según algunos textos, Andrés viajó hasta Escocia para fundar iglesias allí, mientras que otros dicen que llegó hasta Rusia. Uno de los historiadores eclesiásticos más fiables, Eusebio, escribió su historia de la Iglesia en torno al año 300 d. C. Aunque se trata de un salto bastante grande en el tiempo si situamos la muerte de Jesús aproximadamente en torno al año 35 d. C., nos acerca más al período de tiempo que la mayoría de los manuscritos existentes. Además, Eusebio, como buen erudito, es especialmente aficionado a citar y validar sus textos mediante el uso de historiadores que lo precedieron, en particular Orígenes, que vivió aproximadamente un siglo antes, alrededor del año 200. (Cabe señalar que estas fechas están redondeadas para facilitar la comprensión; se recomienda a los lectores interesados en épocas más concretas que consulten las fuentes enumeradas al final del libro).

Lo que Orígenes nos dice, a través del filtro de Eusebio, es que Andrés se dirigió a la actual Rusia. Algunas tradiciones llegan incluso a nombrar Kiev como lugar de desembarco. La Iglesia ortodoxa rusa afirma que Andrés fundó la Iglesia. Hay cierto debate sobre las fechas concretas; algunos afirman que la tradición ortodoxa se produce demasiado tarde en la historia como para relacionarla con este Andrés en concreto.

Finalmente, se han hecho otras extrapolaciones de que Andrés y Felipe fueron apóstoles de los griegos, lo que podría ser la razón por la que se usó su nombre griego. Si uno sigue esta línea de razonamiento, lo más probable es que Andrés estuviera en Constantinopla mientras Pedro se dirigía a Roma para hacer su trabajo misionero. Si bien esto no parece tener ninguna relevancia a primera vista, debe mencionarse que estas dos iglesias se consideran iglesias «hermanas» hoy en día debido a la hipótesis de los movimientos de Andrés.

Para concluir nuestro análisis de este apóstol un tanto oscuro, recurriremos de nuevo a la tradición eclesiástica. Aunque a Pedro se lo conoce a menudo por haber sido crucificado al revés, supuestamente a petición propia para no ser asesinado del mismo modo que Jesús y deshonrar así de algún modo la muerte de Cristo, Andrés pudo muy bien haber tenido el mismo pensamiento. Si bien Andrés no llegó a morir crucificado en posición invertida, tradicionalmente se cree que pidió otro tipo de cruz, en este caso en forma de X, para mantener la muerte de Jesús separada y sagrada. Con el tiempo, esta forma particular se ha conocido como la Cruz de San Andrés, y Andrés suele ser representado con este símbolo en obras de arte.

Una imagen de San Pedro y San Andrés con sus símbolos tradicionales
Evelyn Simak / Iglesia de San Andrés - San Pedro y San Andrés
https://commons.wikimedia.org/wiki/File:St_Andrew%27s_church_-
St_Peter_and_St_Andrew_-_geograph.org.uk_-_1576492.jpg

Capítulo 3 - Santiago (el Mayor) y Juan, hijos de Zebedeo

Cuando se trata de la confusión con los nombres de los apóstoles, Santiago puede ser el ganador, aunque, como veremos más adelante con Judas, es una carrera reñida. Afortunadamente, para este Santiago, se lo menciona con frecuencia como un tipo de paquete, como en «Santiago y Juan, los hijos de Zebedeo». Si bien no es raro que se establezca una línea paterna, tanto dentro como fuera de la Biblia, esta es una forma útil de mantener a este Santiago en particular mentalmente separado de los otros Santiagos.

Antes de profundizar en Santiago el Mayor y Juan, hay un aspecto único de estos dos que vale la pena tocar. Si bien se los conoce comúnmente como los hijos de Zebedeo, la pareja se ganó otro apodo: los pintorescos «hijos del trueno». De dónde vino exactamente esto o lo que implica es algo sobre lo que los eruditos solo pueden especular, aunque saca a la luz uno de los aspectos a menudo olvidados del estudio bíblico, es decir, que se trataba de personas normales.

Una interpretación de este título es que Santiago y Juan eran particularmente alborotadores en comparación con el resto de los apóstoles. Al ser hermanos, esto puede o no haber sido un rasgo familiar, pero acabamos de ver que Pedro y Andrés, que eran hermanos, no obtuvieron el mismo tipo de reputación que Santiago y Juan. Puede parecer extraño dado que Juan escribió tanto el

Evangelio de Juan como el Apocalipsis (libro de las Revelaciones). Después de todo, el autor que vemos aquí es significativamente más antiguo (Apocalipsis) o tan poético y literario que su escritura se trata por completo por separado (Evangelio de Juan), ninguno de los cuales trae truenos y alboroto a la mente. Sin embargo, la aparente contradicción se resuelve en este mismo detalle.

Si Juan no escribió el Apocalipsis hasta más tarde en la vida, es comprensible que su actitud y ritmo hayan cambiado. Un argumento similar se podría hacer para su Evangelio. Si bien es importante tener en cuenta que las teorías presentadas son extrapolaciones generales o incluso conjeturas, se puede aplicar algo de sentido común a la investigación. Incluso si las conclusiones son erróneas, no se producirá ningún impacto religioso. Si asumimos que Jesús comenzó su ministerio alrededor de la edad de treinta años, y tomamos la historia de los viajes y hechos de los apóstoles al pie de la letra, parece razonable colocar a todos los apóstoles en este rango de edad, lo que significa que incluso si un apóstol en particular fuera unos años más joven que Jesús, tendría entre veinte y treinta años. Es muy posible que estos hombres no tuvieran la edad suficiente para haber completado algo tan común hoy en día como la escuela de medicina. Dos hermanos de unos veinte años podrían caer fácilmente en la categoría de alborotadores.

Aunque esto es un pequeño paso lejos de la investigación bíblica típica, es una forma interesante y quizás útil de recordar que cuando uno lee la Biblia al pie de la letra, es la historia de un grupo de adultos bastante jóvenes que intentan cambiar el mundo. Por lo tanto, cuando se proyectan dispersiones generales (como Pedro, que no es particularmente brillante), debe dar al lector una pausa y alentar un tiempo de reflexión. «¿Qué haría si tuviera veintiocho años y me pidieran que ayudara a crear una de las religiones más importantes de la historia?».

Sin embargo, este tipo de juegos mentales siempre deben mantenerse en ese lugar de ponderación y nunca entrometerse en la investigación de los hechos disponibles. Ser imparcial es clave para investigar cualquier tema. Entonces, veamos lo que la Biblia tiene que decir con respecto a los «hijos del trueno».

Santiago

A veces referido como Santiago el Mayor, es importante tener en cuenta que esto de ninguna manera pretende implicar que Santiago, hijo de Zebedeo, es «mejor» que Santiago, hijo de Alfeo (de quien hablaremos en un capítulo posterior). Las aclaraciones «Mayor» y «Menor» pretenden mostrar una diferencia más básica, concretamente que la Biblia tiene más que decir sobre Santiago el Mayor, por lo que ocupa una «mayor» cantidad de espacio. Con esto en mente, sin embargo, cabe señalar que incluso esta «mayor» cantidad de espacio no es, como es el caso de muchos de nuestros apóstoles, un espacio demasiado grande.

Santiago es el tipo de persona que vemos a menudo, pero de la que no escuchamos mucho en la Biblia. El mayor espacio que se le da tiende a estar en compañía de otros apóstoles más conocidos. Por lo tanto, mientras que Santiago se ve a menudo con Jesús, está en la construcción de «Santiago, Pedro y Juan». Este es el caso en el huerto de Getsemaní y cuando Jesús habla con los espíritus de Moisés y Elías. Algunos dirían que esto coloca a Santiago en una especie de «círculo íntimo», aunque es imposible decir con certeza si este fue el caso o no. Es lógico pensar que todos los apóstoles pasaron grandes cantidades de tiempo con Jesús.

En cualquier caso, Santiago juega un papel más importante, o al menos coprotagoniza, en otros dos lugares de la Biblia. En un pasaje particularmente interesante, Santiago y Juan convencen a su madre de preguntarle a Jesús si los niños pueden sentarse a su derecha e izquierda en el cielo. Al principio, esto puede parecer casi ridículamente infantil, incluso si se tiene en cuenta la edad de los hombres. Después de todo, pocos treintañeros hacen que sus madres les pidan favores. Lo intrigante de esta historia es que parece ser una referencia directa al apodo de «hijos del trueno».

El término utilizado (solo en Marcos) es *Boanerges*. Si bien ha llegado a significar algo en la línea de «predicador apasionado», en ese momento, habría traído a la mente pensamientos de Cástor y Pólux, los gemelos (o medio hermanos) nacidos de Zeus por un camino indirecto que hace que nuestras genealogías bíblicas parezcan un paseo por el parque. Lo importante es que a menudo se representa o se dice que los niños se sientan a ambos lados de Zeus. Así pues, lo que en un principio pudo parecer una petición un tanto descabellada adquiere otro significado, no solo por la relación que Santiago y Juan pudieron haber tenido o creído tener con Jesús, sino también por la lucha por asimilar o comprender quién pretendía ser Jesús. Lo que un lector podría tomar como una petición egoísta podría muy bien ser más una aclaración; era como si los niños quisieran saber si Jesús afirmaba ser como los dioses de los que habían oído hablar o algo completamente diferente.

Santiago se menciona específicamente en el libro de los Hechos, obra generalmente aceptada del mismo Lucas que escribió el Evangelio que lleva su nombre. En el capítulo 12 de los Hechos, Lucas se esmera en señalar que el rey Herodes Agripa ordenó matar a Santiago por medio de la espada. En otro momento fácil de pasar por alto, los dos versículos que Lucas reserva para este momento pueden ser de gran ayuda para el erudito moderno.

A través de otros historiadores «no religiosos», como Josefo, Orígenes y Eusebio, es más que posible reconstruir una historia generalmente aceptada de los emperadores romanos. Volviendo a Nerón, no hay mucho debate académico sobre si existió y si Roma ardió durante su reinado. Si el propio Nerón provocó el incendio es una cuestión totalmente distinta, pero establece un firme paralelismo con lo que estamos tratando en esta sección del escrito de Lucas.

Al mencionar específicamente al rey Herodes Agripa, es posible situar a Santiago en la historia. Herodes Agripa era nieto de Herodes el Grande (quizá el Herodes más familiar para los lectores bíblicos), y saber que era rey en el momento de la muerte de Santiago nos da una fecha bastante fiable. Para que estos hechos coincidan, lo más probable es que Santiago fuera martirizado a principios de los años cuarenta. Dada la cronología de la Biblia, no solo parece una época razonable para el martirio cristiano, sino que Santiago sería uno de los primeros apóstoles, si no el primero, en perder la vida por su fe. En cierto modo, esto parece apropiado; el primer apóstol que bebió del cáliz en la Pasión fue también el primero en dejar atrás su vida terrenal, continuando de cerca los pasos de Jesús.

Pero con ello se agota la «mayor» cantidad de textos dedicados a Santiago el Mayor, y hay que buscar información en otros lugares. Santiago, en particular, mantuvo tradicionalmente fuertes lazos con España. Esto es algo confuso, ya que parece que fue martirizado en

Jerusalén, pero algunos textos hablan de que la Virgen María se le apareció en una visión para decirle que tenía que salir de España para ser martirizado. Otro problema es que, si nos atenemos exclusivamente a los textos bíblicos, Pablo ignora o desconoce por completo cualquier labor misionera en España en su Epístola a los Romanos.

Sin embargo, la tradición eclesiástica mantiene a Santiago fuertemente asentado en España. La historia de Matamoros habla de Santiago el Mayor apareciéndose a los españoles y animándolos a luchar contra los musulmanes a mediados de los años 840, mucho después de su muerte. También se supone que los restos de Santiago se conservan en una cripta en España, y los peregrinos viajan hasta allí para ver las reliquias. Sea como fuere, no parece que existiera un movimiento cristiano fuerte en España hasta alrededor del año 150 d. C., aunque esto no significa que no hubiera grupos cristianos más pequeños y menos influyentes antes de esa fecha.

Santiago el Mayor apareciendo ante los españoles durante su lucha con los musulmanes
https://commons.wikimedia.org/wiki/File:Giovanni_Battista_Tiepolo_-_St_Jacobus_in_Budapest.jpg

Si uno se encuentra en el camino hacia la tumba de Santiago, es fácil seguir las señales marcadas con conchas de vieira, uno de los símbolos del apóstol, junto con el bastón o la cruz de Santiago, bastante intrincada. Se supone que la concha se eligió por las líneas de su superficie, que indican a algunos las diversas líneas de viaje que se pueden seguir para llegar a la tumba de Santiago o las líneas de viaje más generales que se pueden seguir para llegar a la fe.

Juan

Es difícil saber qué habría pensado Zebedeo al contemplar la vida de sus hijos. Santiago el Mayor, posiblemente el primer mártir de la Iglesia cristiana, se menciona muy poco en la Biblia. Juan escribió dos de los libros más conocidos de la Biblia. Sin insistir en los puntos anteriores, el Evangelio de Juan es un relato único de la historia de Cristo. Su estilo, sus maneras y su tono parecen indicar que se trata de un hombre mayor y más sabio de lo que podría parecer en su época de «hijo del trueno». El Apocalipsis de Juan, escrito probablemente hacia el final de su vida, se parece más a los libros proféticos del Antiguo Testamento; en cierto modo, el Apocalipsis lo es. Aparte de Pablo, los escritos de Juan han recibido más críticas académicas que prácticamente cualquier otro autor bíblico, lo que habla tanto de su complejidad como de su profundidad.

Aunque Juan no cae en el terreno del debate sobre el nombre como algunos de los otros apóstoles, tiene su propio misterio, más complicado. En el Evangelio de Juan se menciona repetidamente al «discípulo a quien Jesús amaba». Juan es más conocido como el discípulo que se reclinó sobre el pecho del Señor durante la Última Cena, y el seudónimo, algo largo, aparece con frecuencia a lo largo del libro. En general, se ha supuesto que Juan no quiso implicarse en la obra y que se contentó con dar un paso atrás y relatar los hechos tal y como los vio. Sin embargo, esto suscita una serie de interrogantes.

Además del Evangelio y el Apocalipsis, existen las tres cartas de Juan (llamadas 1ª, 2ª y 3ª). Los analistas de los textos tienden a coincidir en que estas cartas fueron escritas por el mismo autor y, dadas las similitudes teológicas, tradicionalmente se las relaciona con el autor del Evangelio de Juan, aunque intrigantemente no se lo nombra. En el Apocalipsis a Juan, el autor es más explícito desde el principio. Así pues, mediante conjeturas, estos cinco libros se atribuyen a menudo al mismo hombre, el hermano de Santiago, el discípulo al que Jesús amaba.

Merece la pena hacer una breve referencia al texto griego. Este volumen no pretende ser un estudio lexicográfico. Sin embargo, algunas teorías sobre la sexualidad de Jesús se basan en esta frase y, en aras de la claridad, se abordará aquí. En griego, como en muchas otras lenguas, hay varias palabras que no tienen una contrapartida concreta en español. Sin embargo, cualquier hispanoparlante puede distinguir fácilmente entre «amo a mi hijo», «amo a mi mascota» y «amo las fresas». Utilizamos la misma palabra y nos basamos en el contexto para aclararnos. Los griegos optaron por utilizar palabras diferentes para expresar distintos tipos de amor. Dos de las palabras griegas para amor, *agape* y *philos* (que significan amor paternal y amistoso, respectivamente), se utilizan para referirse al «amor» que Jesús tenía por Juan. Hay una palabra totalmente distinta para designar el amor sexual o de cortejo: *eros*. Los latinoamericanos y otros hispanoparlantes pueden estar familiarizados con términos como «erótico» o la ciudad «Filadelfia», esta última formada por *philos* y la palabra para hermano, *adelphos*. Así pues, suponer que Jesús estaba muy «enamorado» de este discípulo sería similar a suponer que todos los «hermanos» de Filadelfia están enamorados unos de otros. No entra dentro del ámbito de este libro prestar la suficiente atención a este debate, por lo que se anima al lector a que se dedique a cuestiones más técnicas en su tiempo libre.

También merece la pena destacar aquí una posible genealogía de Jesús y su familia, ya que no solo abre algunas áreas para una revisión más profunda, sino que también vuelve a tocar la importancia de los nombres. Juan y Santiago son nombres bastante comunes en la Biblia y, como veremos más adelante con Santiago el Menor, parte de la intriga es que podría implicar algún tipo de parentesco consanguíneo con Jesús. Si avanzamos una generación desde Santiago y Juan, vemos que su padre, Zebedeo, estaba casado con una mujer llamada Salomé. La tradición señala que la madre de Jesús, María, tenía una hermana llamada Salomé. Si se tratara de la misma mujer, Santiago y Juan serían primos de Jesús. Esto se tratará con más detalle cuando hablemos del otro Santiago, pero también vale la pena mencionar que Santiago y Juan también podrían haber sido primos de Juan el Bautista.

En cuanto a lo que dice la Biblia sobre Juan, nos encontramos ante uno de los pocos casos en los que tenemos el relato del propio apóstol sobre lo que vio y experimentó. En lugar de hacer un recuento completo del Evangelio, es bastante fácil para el lector encontrar el texto en línea o en una copia impresa y revisar la historia por sí mismo. Analizaremos brevemente las variantes del Evangelio de Juan y las razones por las que es un autor un tanto solitario.

Se ha mencionado en múltiples ocasiones que el Evangelio de Juan es diferente, aunque solo hemos utilizado una terminología vaga sobre cómo. Quienes busquen una explicación más concreta no necesitan buscar más allá de lo que muy probablemente se utilizó en el texto. Cuando observamos los evangelios sinópticos, vemos lo que es esencialmente un texto de «predicación». Los relatos se dividen en trozos breves, digeribles y didácticos, a menudo con una especie de «moraleja» añadida al final en forma de refrán o explicación de Jesús. El Evangelio de Juan, en cambio, se lee más como una novela. Los detalles presentados no solo pintan un cuadro más vívido para el lector, sino que también proporcionan un escenario que es históricamente fiable y, desde el punto de vista de la predicación, no del todo necesario.

Un ejemplo es Juan 5, donde Jesús cura a un inválido. Este relato no es único, ya que los otros tres Evangelios presentan a Jesús realizando este o un milagro similar. Pero en Juan, la escena está realmente desarrollada. Jesús no solo cura a un inválido; cura a un hombre junto a un estanque llamada «Betesda», que tiene cinco columnatas y está cerca de la puerta de las ovejas de Jerusalén. Esto es especialmente interesante porque los arqueólogos han descubierto lo que creen que es este mismo lugar. Donde Mateo, Marcos y Lucas nos dan un relato didáctico, Juan nos da el lugar histórico.

En el Apocalipsis, Juan no se limita a escribir una historia detallada, sino que se adentra en el terreno de la alegoría y el apocalipsis. El Apocalipsis ha confundido y asombrado a sus lectores durante siglos. Aunque destaca por ser único en el Nuevo Testamento, este tipo de escrito no es tan extraño como puede parecer a primera vista. Cuando se lee el libro como una alegoría de la vida de Cristo, ciertos detalles resultan menos extraños. Y cuando el lector toma otras partes al pie de la letra, por ejemplo, la persecución y las tensiones internas mencionadas, es más fácil ver el fundamento histórico en las siete principales iglesias asiáticas de la época.

A Juan tampoco le faltan apócrifos atribuidos a él o que tratan de su vida, en particular, la Epístola de los Apóstoles, aunque se ha datado en torno al año 180 d. C. El momento más destacado de Juan en estos escritos son las bodas de Caná. En la versión extrabíblica, Juan y María Magdalena iban a celebrar una boda, pero cuando Jesús convierte el agua en vino, deciden cancelar la ceremonia y convertirse en seguidores de Cristo.

En cuanto a la muerte de Juan, hay muy poco que discutir. Mientras que algunas tradiciones afirman que fue martirizado, otras dicen que simplemente murió de viejo, posiblemente en la isla de Patmos, donde escribió su revelación. Sea como fuere, Juan perdura en el arte como el apóstol que más a menudo aparece con un libro en la mano. Cuando los cuatro evangelistas aparecen juntos, Juan está representado por un águila.

Capítulo 4 - Santiago (el Menor)

Para seguir adelante y mantener la confusión al mínimo, nos corresponde echar un vistazo a otro Santiago. Como ya se ha dicho, a este Santiago a veces se lo llama «el Menor» simplemente para diferenciarlo del hermano de Juan, Santiago. El título «el Menor» se basa únicamente en el hecho de que se le dedica una cantidad «menor» de espacio bíblico. Esto puede resultar algo confuso a medida que profundicemos, por lo que podría ser más sencillo pensar en este Santiago por su otro apodo: «Santiago, hijo de Alfeo».

En cuanto a los hechos concretos sobre Santiago, es difícil precisar algo más allá de una sombra de duda. Las conjeturas y la investigación de la Biblia pueden proporcionar al estudiante varias teorías posibles e ideas interesantes que merece la pena examinar. Lo que sabemos con certeza es que a Santiago siempre se lo llama «hijo de Alfeo» y que lo más probable es que fuera de Nazaret. También parece bastante claro que Santiago era hijo de una mujer llamada María. Sin embargo, incluso el lector casual de la Biblia notará que no hay escasez de mujeres llamadas María en el Nuevo Testamento. Una posible identidad para esta María en particular es la «esposa de Cleofás», mencionada en el Evangelio de Juan. De ser así, se trataría de la mujer que estuvo junto a la madre de Jesús, María, al pie de la cruz.

Sin embargo, en el pasado, se ha argumentado que la madre de Santiago, María, es la misma mujer que la madre de Jesús, haciendo que ambos sean medio hermanos. La Biblia dice muy poco sobre lo que le ocurrió a José, el padre de Jesús, por lo que se ha planteado la hipótesis de que, tras su muerte o abandono, María tomó otro marido, que fue el responsable de los «hermanos» que se dice que tuvo Jesús. Por otra parte, sin embargo, era una costumbre semítica bastante común que los hombres se llamaran entre sí «hermano», existiera o no una relación familiar real. En cualquier caso, tanto Jesús como Santiago tenían una madre llamada María y un hermano llamado José. Si estas madres y hermanos son las mismas personas o no, probablemente nunca se sabrá con certeza.

Un argumento en contra de este tipo de relación de sangre se puede ver en argumentos similares con respecto a Judas y Simón (el zelote) que se discuten a continuación. El Nuevo Testamento parece afirmar con bastante claridad que los hermanos de Jesús no estaban entre los doce apóstoles, en cuyo caso habría que suponer que Santiago el Menor, junto con los otros once apóstoles, no se criaron en el mismo hogar que Jesús.

Pasemos ahora a la carta o libro del Nuevo Testamento que lleva el nombre de Santiago el Menor. Tradicionalmente, Santiago, hijo de Alfeo, es considerado el autor del texto, aunque este es el único caso particular en el que no se utiliza el patronímico. El autor simplemente se refiere a sí mismo como «Santiago» y entra de lleno en el tema. Dado que se trataba de cartas en el sentido más normal de la palabra, cabe suponer que los destinatarios sabían qué Santiago les escribía y no necesitaban ningún tipo de especificación extensa, al igual que un lector actual no necesitaría una genealogía en una carta firmada «Mamá».

Es más difícil determinar quiénes eran estos destinatarios. Pablo, que escribió la gran mayoría de las epístolas del Nuevo Testamento, dejó claros sus destinatarios. Sus cartas iban dirigidas a la iglesia de Roma, o a la iglesia de Corinto, Galacia o Éfeso. Este tipo de declaración directa es útil para los eruditos, ya que establece ambos extremos del vínculo de comunicación y permite generar algún tipo de contexto basado en otra información disponible. Santiago, por su parte, comienza su carta diciendo simplemente que es de Santiago. Las conjeturas dirían que los destinatarios son las doce tribus de Israel o simplemente los cristianos en general. Sin embargo, el texto parece dar a entender que fue escrita para un público más judío, lo que da una ligera ventaja al argumento a favor de las tribus. Sea como fuere, el consenso general es que Santiago el Menor escribió la carta, por lo que, a pesar de que el Nuevo Testamento habla *menos* de él, sí aporta más que Santiago el Mayor.

Si salimos de la Biblia, podremos comprender mejor la importancia de Santiago el Menor. Aunque la mayoría está familiarizada con el término «católico» en relación con la Iglesia, hay una definición más sencilla de la palabra: «universal». Así que, en este caso, al igual que los Evangelios pueden etiquetarse de «sinópticos», la carta de Santiago puede considerarse «católica». Al no tener un destinatario específico, el Libro de Santiago se considera a menudo el primer Evangelio «católico». Para dar un paso más, incluso el término «evangelio» es una versión abreviada de «buenas noticias». Aunque tradicionalmente un evangelio trataría específicamente de la vida y enseñanzas de Jesús, el término puede utilizarse para referirse a cualquier tipo de instrucción basada en Jesús. Así que, como el propio Santiago, su carta puede adoptar varios nombres, dependiendo del ángulo desde el que se mire.

Afortunadamente, en lo que se refiere a obras apócrifas, Santiago tiene una de las listas más reducidas. Se ha encontrado un «Protoevangelio de Santiago», pero no se sabe quién fue su autor. Uno de los principales problemas de este libro es que trata casi exclusivamente de la santidad y la virginidad de María. Aunque se trata de temas importantes en el canon general del cristianismo, es difícil alinear el texto extremadamente favorable a María con el único otro escrito aceptado de Santiago. Por supuesto, esto no quiere decir que Santiago sostuviera opiniones heréticas, sino que ilustra la coherencia que se busca cuando se hacen asignaciones de autor. Como vimos anteriormente con Juan, es posible evaluar un texto en función del estilo, la elección de palabras, el tema y el tono, casi de la misma manera que uno podría adivinar una nueva canción en la radio hoy en día. Algunos escritos «suenan» a un autor concreto, y otros no. Obviamente, se trata de una simplificación flagrante del proceso, pero es otra forma en que los eruditos han podido cribar los posibles textos y llegar a un acuerdo sobre un puñado de libros probablemente fiables.

La tradición eclesiástica suele situar el martirio de Santiago en torno al año 62 d. C., y algunas fuentes indican que fue lapidado. Sin embargo, en este punto Santiago se aparta de los demás apóstoles.

Mientras que a la mayoría de los mártires se los representa con un objeto que indica el método de su muerte, a Santiago se lo suele ver con herramientas sencillas de la época. Es posible interpretar esto, ya que la lista incluye una regla de carpintero, una escuadra o una sierra, pero conviene repetir que estas representaciones se hicieron cientos de años después de los hechos. Aunque en algún momento se supuso que Santiago y Jesús eran hermanos, ya que las herramientas mostraban que Santiago seguía el oficio de su padre, ya no es una opinión popular. Sin embargo, cuando se mira hacia atrás en la historia, es necesaria la perspectiva adecuada, por lo que, independientemente de lo que uno pueda creer hoy, Santiago será el que más se parezca a un carpintero.

Capítulo 5 - Felipe y Bartolomé

En este punto intermedio, nos tomamos un respiro de nuestra intrincada investigación sobre los nombres y abordamos a dos de los apóstoles de los que menos se habla. Felipe y Bartolomé han sido emparejados aquí simplemente para seguir la pista bíblica, así como para ayudar al lector a mantener algún tipo de seguimiento mental de esta lista algo larga de personas. Como veremos más adelante, a ninguno de los dos se le dedica demasiado espacio en las Escrituras, aunque Felipe ciertamente eclipsa a Bartolomé (al igual que muchos apóstoles) simplemente por tener algo registrado más allá de su nombre. Dicho esto, Bartolomé no se ha desvanecido completamente en la historia, ya que la tradición de la Iglesia y los historiadores proporcionan al menos algunos antecedentes sobre él.

Felipe

Felipe ocupa el quinto lugar en nuestra lista de apóstoles, como en todas las listas de apóstoles. Una vez más, esto no significa necesariamente nada, pero en el caso de Felipe, se ha argumentado que, a pesar de la escasa información sobre él, su quinta posición significa algo.

Si nos fijamos en lo que podría considerarse el «círculo íntimo» de los apóstoles, están, por supuesto, Pedro, Santiago, Juan y Andrés. Enumerar a Felipe justo después de cada uno de ellos implica que, efectivamente, fue el quinto discípulo elegido. Dadas las numerosas alusiones a Jesús como maestro o rabino, esto parece significativo. Era costumbre en la época que un rabino tuviera cinco alumnos con los que trabajaba y de los que era mentor. Poner a Felipe en el quinto lugar puede elevarlo a los ojos de ciertos lectores. Si Jesús ha de ser visto como una versión paralela pero nueva de lo que era familiar a la comunidad judía de la época, a Felipe se le daría sin duda una autoridad que no se concedería a alguien más bajo en la lista. Lamentablemente, se ha argumentado que Leví (Mateo) fue en realidad el quinto discípulo llamado, lo que enturbia las aguas como de costumbre, pero en el gran esquema de las cosas, la posición de Felipe parece ser algo estable, aunque solo sea por el hecho de que es coherente a lo largo de los escritos.

Dejando a un lado los juegos de números, hay datos más concretos sobre Felipe esparcidos por todo el Nuevo Testamento, aunque la mayor parte de la información que tenemos sobre él procede de Juan. Según su cohorte, Felipe procedía de Betsaida, que puede recordarse como la misma ciudad natal de Pedro y Andrés. En tiempos de Jesús, formaba parte de una «tetrarquía», es decir, una cuarta parte. Esto no es exactamente como, pero no muy diferente de los diversos estados en los Estados Unidos de América. Mientras que la nación en su conjunto está «gobernada» por el presidente, cada estado tiene un liderazgo individual. La tetrarquía en la que vivía Felipe estaba gobernada por uno de los hijos de Herodes el Grande, también llamado Felipe o Filipo.

Una cosa interesante sobre Felipe y que hace eco a nuestra discusión sobre Andrés es que Felipe no es un nombre judío o hebraico. Lo mismo puede decirse de Pedro (tras el cambio de nombre) y de Tadeo (del que hablaremos más adelante). Esto proporciona un área de pensamiento que, aunque no se basa particularmente en ninguna prueba sólida, permite interesantes reflexiones y posibles interpretaciones de una cuestión que todavía no se ha abordado directamente hasta ahora. ¿Por qué eligió Jesús a estos hombres?

La respuesta rápida a esta pregunta es que no tenemos ni idea y probablemente nunca la tendremos. La Biblia, que para empezar no es el texto más claro, parece satisfecha con enumerar los nombres de los apóstoles, decirnos lo que hicieron algunos de ellos y luego dejarnos a nuestra suerte. Si esto es bueno o malo, intencionado o simplemente hecho por necesidad, está realmente fuera de nuestro alcance. Sin embargo, permite la especulación, y en el caso de Felipe, esto puede ser particularmente interesante.

Dado que Jesús era judío por definición y hablaba principalmente a los judíos, lo lógico sería que eligiera entre las tribus de Israel a la hora de reunir a sus apóstoles. Y este parece ser el caso. Los pocos casos que tenemos de un cambio de nombre específico de algo más hebraico (Simón) a algo más griego (Petros) ciertamente abren la puerta a la curiosidad sobre la frecuencia y el motivo de este cambio.

Algunos eruditos sugieren que lo que estamos viendo son los primeros esfuerzos de Jesús por combinar la fe judía y la gentil bajo un mismo estandarte. Al eliminar las marcas vinculadas a una cultura, difumina las líneas y elimina la mentalidad de «nosotros contra ellos» que prevalece en cualquier dinámica de grupo. De hecho, si uno se sienta y rastrea las diversas trayectorias de los viajes misioneros, casi parece que ciertos apóstoles fueron enviados específicamente a grupos gentiles. Cuando lleguemos a Pablo más adelante, veremos la fusión total de culturas que se estaba produciendo en los inicios del cristianismo. Desde una perspectiva moderna, a menudo es difícil captar el aspecto revolucionario de lo que estaba ocurriendo en aquella época. El cambio de nombre de una persona es, y casi siempre ha sido, una forma simbólica de denotar un cambio interior de forma externa. El hecho de que Jesús asumiera esta práctica con tanta especificidad parece implicar que tenía en mente una perspectiva similar, aunque nunca se tomó la molestia de decirlo de un modo u otro. Y como ocurre con todas las conjeturas religiosas, es mejor que lo tengamos en cuenta a la hora de formarnos una opinión.

Por otra parte, no es raro ver este cambio de nombre como «típico». Ciertamente había judíos helenistas en aquella época, que es una forma de referirse a un creyente judío que tenía un trasfondo y una educación de habla griega. Es muy posible que Felipe no tuviera «otro» nombre. En el mismo sentido, tal vez Jesús simplemente eligió a Felipe porque él ya habría tenido una «entrada», por así decirlo, con esta cultura. Que Felipe se relacionara más con los griegos que los otros apóstoles podría haber sido simplemente el curso natural de las cosas. De hecho, cuando algunos griegos vinieron a preguntar por Jesús, se dirigieron a Felipe. ¿Se debe esto a que Felipe fue elegido específicamente y apartado para esta tarea, o es porque uno busca a los más parecidos a él, especialmente si se habla un grupo de lenguas?

Algunas cosas que sabemos de Felipe es que, junto con Andrés, era el «intermediario» entre Jesús y los griegos. También se menciona específicamente que asistió a la Última Cena. También fue escogido individualmente por Jesús y se lo describe como tal. Después de esta llamada, Felipe va a buscar a Natanael y lo trae al redil. Por último, es el único apóstol mencionado, además de Pedro, que tenía mujer e hijos.

Lo que podemos especular es que Felipe era probablemente pescador. Nunca se menciona su ocupación, pero sociológica y geográficamente, así como simplemente dentro del propio grupo, parece haber un elevado número de este tipo de hombres. No se sabe con certeza si iba en la barca o si actuaba más bien como capataz, como Pedro y Andrés.

También encontramos a Felipe en el milagro de los panes y los peces. Aquí tenemos el más mínimo atisbo de su personalidad, ya que es Felipe quien menciona el costo de alimentar a tal multitud. (Cabe señalar que Judas hace un comentario similar en relación con un frasco de perfume en un momento dado, aunque aparentemente por razones diferentes). Si hemos de suponer que Felipe y los demás eran lo que podría considerarse trabajadores de «cuello azul», su afirmación tiene sentido. Cuando Jesús planea dar de comer a cinco mil personas, Felipe reacciona como lo haría cualquiera hoy en día: «¿Sabes cuánto va a *costar* eso?». También vemos a Felipe mostrando sus verdaderos colores cuando no comenta inicialmente la famosa, o más bien infame, frase de Natanael: «¿Puede salir algo bueno de Nazaret?».

Por lo menos, Felipe nos ofrece una visión muy cercana del hombre corriente en lo que se refiere a Jesús. Mientras que Pedro puede llevarse la peor parte de las burlas de los lectores modernos por sus comentarios en las conversaciones con Cristo, Felipe parece estar a su lado, aunque quizás con los medios para haberse guardado su sorpresa o confusión para sí mismo más a menudo.

Alejándonos de los relatos de Juan, Felipe aparece en el libro de los Hechos. Existe una leve controversia sobre si el Felipe mencionado en el Evangelio de Juan es el mismo «Felipe el Evangelista» descrito por Lucas, pero para nuestros propósitos aquí, es seguro asumir que son uno y el mismo. Desde el punto de vista histórico, las opiniones de los padres de la Iglesia inicialmente confundieron a los dos, pero con el tiempo empezaron a afirmar que se trataba de dos filósofos distintos y separados. En la actualidad, los eruditos sostienen que, dado que los autores bíblicos a veces son demasiado específicos a la hora de diferenciar a otros hombres, el hecho de que Lucas no lo haga en sus escritos es una prueba de que se trata del mismo Felipe.

Una vez más, no vamos a aburrir al lector repitiendo lo que se puede leer fácilmente en la Biblia, pero el ministerio de Felipe, tal como lo relata Lucas, es significativo por algunas razones más allá de lo que es inmediatamente evidente en papel. Según el libro de los Hechos, después de ayudar en una crisis alimentaria, Felipe va a varios lugares, entre ellos Samaria y Gaza, y se reúne con varias personas, como Pedro, Juan y un hombre algo escurridizo llamado Simón, que aparece con más frecuencia en textos extrabíblicos. Después de esto, Felipe va a Etiopía.

Es aquí donde debemos hacer un breve paréntesis y mencionar lo que se quiere decir con esto. Del mismo modo que «India» se utilizaba como término genérico para referirse a «cualquier otro lugar» (en contraposición a la zona específica que ahora se conoce como India), se ha argumentado que «Etiopía» tenía un tipo de definición difusa similar. Etiopía podía significar la misma zona que hoy conocemos con ese nombre, o podía significar básicamente cualquier lugar del continente africano. Para enturbiar aún más las aguas, algunos documentos históricos tienden a referirse a África como «India». Sea cual sea la latitud y longitud concretas, sabemos que Felipe dejó lo conocido y se alejó de casa llevando su mensaje.

Esto es significativo por el hecho de que, mientras estaba en esta zona, Felipe conoce y finalmente bautiza a un eunuco. Teniendo en cuenta tanto el estado físico del hombre como su posición geográfica, lo que Lucas relata aquí es el primer ministerio registrado a una persona no semita. Por lo tanto, la discusión anterior sobre la percepción de la «vocación» de Felipe hacia los no judíos vuelve a ser relevante. Lo que está escrito en el libro de los Hechos se puede ver desde varios puntos de vista, pero lo que el lector puede sacar en claro es que el Evangelio se predicaba a los que no pertenecían a la comunidad judía y que comenzó casi inmediatamente después de la muerte de Jesús.

Por último, en un giro bastante intrigante de la frase, Felipe es «arrebatado» por el Señor. Aunque esta expresión suele referirse a la muerte de alguien, lo que Lucas quiere decir es que se trata más bien de una especie de teletransporte, ya que a Felipe se le vuelve a ver en Cesarea. Podría tratarse de una frase caprichosa insertada de forma extraña; tal vez Lucas la utilizara como una especie de abreviatura de «Dios le dijo a Felipe que fuera a Cesarea», aunque podría significar muchas otras cosas. Sea como fuere, es la última localización bíblica de Felipe. Para obtener más información, tenemos que avanzar hacia las fuentes extrabíblicas.

A menudo es difícil saber si se trata de una tradición eclesiástica, una leyenda o una mezcla de ambas. Del mismo modo, el lector se pregunta, como el huevo y la gallina, qué fue primero y qué historia influyó en las demás. En estos casos, el lector debe hacer sus propias conjeturas basándose en la información que se le proporciona. A menudo, personas y lugares históricamente precisos aparecen en fuentes apócrifas, que parecen verificar o dar un respaldo fáctico a historias que no parecen coincidir con otros textos, ya sea por el estilo del autor, la perspectiva religiosa o las acciones de las personas implicadas. Decidir dónde trazar la línea que separa la realidad de la ficción suele ser como entrar en una biblioteca en la que no hay secciones etiquetadas. Uno está seguro de que algunos son verdaderos, otros no y otros son una mezcla, pero lleva tiempo decidir cuál es cuál. (Basta pensar en la recientemente popular *Abraham Lincoln: Cazador de vampiros* para ver un ejemplo actual, aunque algo tonto, de esto en acción).

Lo que nos cuentan los textos apócrifos y las leyendas es que, tras pasar parte de su tiempo con Pablo en Cesarea, Felipe acabó trasladándose a Hierópolis. El libro de los Hechos de Felipe se toma la molestia de incluir visitas a Grecia y Frisia antes de esto, pero una vez más, nos quedamos en un pequeño enigma en cuanto a qué lugares se mencionan específicamente. Hierópolis, con «o», ha sido ciertamente excavada y es reconocida como una antigua ciudad griega. Los problemas surgen cuando se empieza a examinar elementos como Frisia frente a Frigia, e Hierópolis frente a Hierápolis, con «a», ambas situadas al parecer junto a Pamukkale, en la Turquía actual. No se puede decir si las ligeras diferencias se deben a que un ómicron se parece a un alfa (más o menos similar a nuestras «o» y «a» modernas) o si son más intencionadas, pero una vez más, confiar en el sentido común parece la apuesta más segura, especialmente con fuentes secundarias.

Sea como fuere, casi todos los relatos cuentan que Filipo acaba en Hierópolis, donde se relaciona con un grupo de mujeres conocidas como «profetisas». No está claro si esto se refiere al tipo de oráculo al que a menudo se hace referencia en otros escritos antiguos o a una especie de maestra femenina, no exactamente igual pero similar a una monja. La leyenda cristiana acaba despejando algunas dudas sobre su lado espiritual y se refiere a ellas como vírgenes, aparentemente con la esperanza de que esto elimine cualquier tipo de matiz ocultista, aunque el éxito aquí es discutible. Las mujeres acaban dejándose martirizar para preservar su virginidad, por lo que la idea de la historia parece primar sobre la naturaleza específica de sus creencias.

En un paralelismo similar, se cree que Filipo fue martirizado en Hierópolis. De nuevo, las fuentes difieren, pero parece que fue colgado de una columna, apedreado hasta morir o crucificado; estas dos últimas muertes eran habituales entre los apóstoles. Si fue esta última, Felipe fue asesinado en una cruz que difería de la de Jesús, aunque no se sabe si fue a petición de Felipe o no. La cruz en cuestión aquí es lo que se llama una cruz tau» debido a su parecido con la letra griega, que, convenientemente, tiene el mismo aspecto que la «T» en el alfabeto español actual. Es uno de los símbolos más comunes de Felipe en el arte, aunque a veces se lo representa contra una columna o con una cesta de panes.

Bartolomé

Aunque Bartolomé y Felipe forman una pareja poco probable, permiten una sólida comparación de las formas en que la erudición bíblica puede conducir a algunos resultados sorprendentes o incluso confusos. En el caso de Felipe, disponemos de bastante información de primera mano, aunque sea menor que en el caso de otros apóstoles. A veces se ha argumentado que Andrés o Juan (o «el discípulo a quien Jesús amaba») podrían ser simplemente una amalgama o un personaje compuesto insertado en el texto para dar al lector alguna conexión con el texto, una persona en cuyos zapatos uno puede ponerse. Como veremos más adelante con Pablo, este tipo de interpretación literaria, aunque no es infrecuente, ha dado lugar a acalorados debates durante siglos.

Sin embargo, la presentación discreta de Felipe y su presencia bastante sencilla en los relatos bíblicos lo hacen relacionable en muchos sentidos. No se dedica a hacer milagros, es enviado a lugares desconocidos e incómodos por su fe y dedica su vida a perseguir lo que cree que es verdad. Hasta cierto punto, la mayoría de los seguidores de cualquier religión pueden identificarse con algunas de estas cualidades, si no con todas.

En la otra cara de la moneda proverbial, tenemos a Bartolomé. Fuera de las listas de apóstoles, Bartolomé no aparece en los escritos canónicos. De hecho, todo lo que se puede decir con seguridad sobre Bartolomé, bíblicamente hablando, es que siempre aparece en las listas antes de Mateo y después de Felipe o Tomás. Para quienes disfrutan leyendo sobre la disposición de los apóstoles, algunos han argumentado que Bartolomé, ya sea como persona real o como metáfora, pretende mostrar el tipo de armonía que puede encontrarse en los que vienen antes que nosotros y en los que vienen después. Esto puede interpretarse tanto como una idea teológica como histórica. Para los lectores menos inclinados a buscar el simbolismo en este ámbito concreto, se los deja a su entera suerte.

Nuestra discusión sobre Bartolomé comienza, como siempre, con su nombre. Es siempre «Bartolomé», pero los problemas comienzan cuando se descompone el nombre en sus partes etimológicas. «Bar» es la versión aramea de la palabra hebraica «Ben», quizá más reconocible, que significa «hijo de». Si seguimos adelante y separamos el nombre en sus partes arameas, nos queda algo parecido a «bar Talmay» o «hijo de Talmay». Todo esto parece muy bien hasta que nos damos cuenta de que el hijo de Talmay, bíblicamente hablando, es Natanael. Si se trata de un nombre inapropiado, nos queda al menos un feliz accidente, ya que Natanael está con Felipe cuando conocen a Jesús.

Independientemente de que esto se considere un error, una elección estilística que se repitió inadvertidamente o simplemente la verdad, el hecho es que estos dos hombres no tuvieron un gran impacto. Natanael solo es mencionado dos veces, ambas por Juan. La primera, como ya se ha comentado, es cuando Natanael apenas puede creer que Jesús pudiera ser el Mesías, ya que el hombre es de Nazaret, lo que no es un buen pedigrí a los ojos de Natanael.

Sin embargo, Natanael se redime ligeramente en otra conversación con Jesús. En un intercambio un tanto críptico, Jesús hace un comentario acerca de que Natanael es un «verdadero israelita». Natanael pregunta razonablemente si Jesús sabe quién es, a lo que Cristo hace mención de haber visto a Natanael bajo una higuera. Nunca sabremos exactamente lo que ocurrió aquí, pero bastó para que Natanael proclamara inmediatamente a Cristo como el Mesías. Sin embargo, como sucede a veces con Jesús, esto no es exactamente lo que él esperaba. Natanael cree porque ha visto a Jesús, y Jesús, en cierto modo, se ha probado a sí mismo. Los que no han visto, pero creen, son considerados aún más bienaventurados.

La única otra aparición de Natanael tiene lugar en el incidente de la pesca, del que se ha hablado en la sección anterior sobre Pedro. Después de pescar toda la noche, los hombres no han pescado nada. Jesús se les aparece y les dice que echen las redes al otro lado de la barca, con lo que obtienen un gran botín de peces. Juan señala que Natanael estaba allí.

Así pues, incluso si se tiene en cuenta el error de traducción del arameo, que da a Natanael el nombre de Bartolomé, se altera muy poco. Un nombre incorrecto o, si se prefiere, alternativo, podría haber sido incluido en la lista de los apóstoles y utilizado después al hacer referencia a los escritos. También podría muy bien ser que, en el momento de la escritura, esto fuera tan claro como cualquiera de los otros nombres (hijos de Zebedeo, hijo de Alfeo) y que, en el transcurso de las generaciones, este ligero malentendido se deslizara y se perpetuara por simple y razonable ignorancia. Un número muy limitado de personas es capaz de leer el Nuevo Testamento completo en sus lenguas originales; si estos políglotas ven esto como un error o simplemente una redacción diferente depende del punto de vista de cada uno.

Independientemente del punto de vista individual sobre la cuestión del nombre, lo que Bartolomé nos presenta es una situación bastante normal de lagunas en la historia que se llenan lo mejor que se puede por o para aquellos que quieren saber más. No es raro que la mejor suposición de alguien se convierta en verdad, ya sea por las nuevas pruebas encontradas o por el paso del tiempo. En este sentido, Bartolomé es un gran ejemplo de cómo la tradición eclesiástica puede influir en los escritos apócrifos y ser influida por ellos, ya que los escritos apócrifos son todo lo que uno tiene para seguir cuando se trata de este apóstol en particular.

Es importante señalar que, aunque «apócrifo» puede tener, en algunos contextos, una connotación negativa, se trata de un término bastante neutro. Todo lo que está fuera de la Biblia se considera apócrifo, por lo que los historiadores también entrarían en esta categoría. Dicho esto, mientras que los historiadores tienden a basarse en ciertas personas, como Jerónimo y Eusebio, los biblistas suelen hacer lo mismo. Al fin y al cabo, es lógico que, si uno tiene razón en noventa y nueve aspectos, es muy probable que tenga razón en el centésimo, sobre todo cuando se trata de un historiador y el tema es histórico.

Con este punto de partida, Jerónimo nos ofrece una interesante bifurcación en el camino. Si bien es cierto que no está de acuerdo con el nombre de Bartolomé, lo rastrea en una dirección diferente. En el libro de Samuel II del Antiguo Testamento, se menciona al rey Talmai de Gesur. En su línea de descendencia, David tuvo a su famoso hijo Absalón con la hija de Talmai, Maaca. También puede establecerse una conexión entre Talmai y Ptolomeo, como en la dinastía egipcia. Si este es realmente el caso, Bartolomé tendría un árbol genealógico muy interesante, tanto teológica como históricamente hablando. Sin embargo, Jerónimo, como es sabido que hacen los historiadores, ofrece una solución diferente. La palabra hebrea *talmai* significa «el que abunda en surcos», que es otra forma de decir «agricultor». En otras palabras, Jerónimo parece anticiparse a la confusión aquí y cubre todas sus bases proporcionando opciones que, o bien vinculan directamente a Bartolomé con el linaje del propio Jesús, o bien hacen de Bartolomé un tipo normal, como el resto de los apóstoles.

Cuando se trata de historias apasionantes fuera de la Biblia, Bartolomé está claramente por encima de sus homólogos. Aunque está emparejado con Felipe en los Hechos de Felipe, Bartolomé tiene sus propios textos pseudoepigráficos flotando por ahí. Sea o no el personaje principal, abunda la extravagancia. En uno de los relatos, Bartolomé pasa mucho tiempo hablando con María, la madre de Jesús, lo que le permite estar al tanto de una gran cantidad de conocimientos cósmicos secretos. Se supone que María lo ha aprendido de su hijo, del mismísimo Dios o de una combinación de ambos. Sea cual sea el caso, la desafortunada verdad para Bartolomé es que nunca podrá compartir o actuar en base a esta nueva información, ya que causaría la destrucción del universo.

En otros relatos, Bartolomé y Jesús se encuentran con lo que podrían considerarse bestias míticas. En el Evangelio de Bartolomé, Jesús se ve obligado a luchar con «los seis hijos serpientes de la Muerte». En otro relato, Jesús y Bartolomé entran en contacto con lo que podría interpretarse como una especie de criatura de tipo hombre lobo. Por último, en los Hechos de Felipe, los dos apóstoles tienen un encuentro muy extraño mientras viajan. Según este relato, mientras caminaban, Felipe y Bartolomé se cruzan con una cría de cabra y un leopardo, ambos capaces de hablar. Tras mantener una conversación, los apóstoles logran convencer a los dos animales para que comulguen con ellos.

Leyendo estos breves resúmenes, parece fácil deducir qué historias deben y no deben incluirse en la Biblia, pero un lector imparcial también recordará que lo que a menudo hace que algo parezca fantástico o no es simplemente la familiaridad de cada uno con la idea. Para algunas personas, un hombre lobo puede parecer mucho más creíble que un hombre alimentando a cinco mil personas con solo un puñado de pescado y pan. En cualquier caso, es importante tener en cuenta que lo que hace que algunas historias parezcan legítimas es a menudo su repetición. Cuando todos los evangelios sinópticos coinciden en que un acontecimiento concreto sucedió, especialmente cuando coincide con los escritos de otras personas que vivieron o conocieron la época en cuestión, es más fácil dar el salto de fe. También se podría argumentar que los «hijos serpientes de la Muerte» no suenan del todo diferentes al dragón de siete cabezas del Apocalipsis, así que, como siempre, se anima al lector a seguir investigando y llegar a sus propias conclusiones.

Para volver a las versiones más estándar de la tradición eclesiástica, podemos recurrir a Eusebio para una discusión no fantástica de lo que podría haberle sucedido a Bartolomé. Varias fuentes conocidas tanto por Eusebio como por los eruditos modernos dan a entender que Bartolomé terminó sus días en algún lugar de Armenia. Hay constancia de que se reunió con Tadeo en esta zona después de que este llevara allí veintitrés años. Si nos atenemos a los números, esto sitúa la llegada de Bartolomé a la zona en torno al año 60 d. C. Esta fecha es razonable, dado que la tradición eclesiástica también dice que Bartolomé fue martirizado en esta zona o simplemente por «paganos armenios» en el año 68 d. C.

Bartolomé experimentó el que probablemente sea el martirio más espantoso de todos, lo que quizá sea un legado apropiado para un hombre rodeado de tanto extremismo en lo que se refiere a sus posibles caminos en la vida. El consenso general es que Bartolomé fue desollado vivo por los armenios, por lo que a menudo se lo representa sosteniendo un cuchillo o su propia piel. Sin embargo, para este apóstol, el desollamiento puede no haber sido suficiente, ya que diversas fuentes le atribuyen haber sido desollado; crucificado y luego desollado; o desollado, luego crucificado y finalmente decapitado.

El «Juicio Final» de Miguel Ángel en la Capilla Sixtina
https://commons.wikimedia.org/wiki/File:Last_judgement.jpg

No se trata en absoluto de restar importancia a los diversos registros, sino de señalar las razones muy detalladas por las que a veces se conoce a Bartolomé como el discípulo «más torturado». Los textos que pueden ser alegóricos, metafóricos, poéticos o históricos a veces, por lo que es importante señalar que, en algunos casos, la redacción puede ser literal. Hay una iglesia en la isla Tiberina que supuestamente alberga los restos de Bartolomé, aunque incluso sus huesos tienen una larga e intrigante historia propia.

En una conclusión apropiada, aunque ligeramente dramática, se dice que Miguel Ángel, mientras pintaba el techo de la Capilla Sixtina, un entorno agotador y peligroso, decidió que se relacionaba con Bartolomé más que con cualquiera de los otros apóstoles. Por eso, según la leyenda moderna, Miguel Ángel no pintó la imagen históricamente aceptada de Bartolomé. En su lugar, pintó un autorretrato de sí mismo.

Capítulo 6 - Mateo

Si se les pide que nombren a los doce apóstoles, muchas personas a menudo nombrarán a los escritores de los Evangelios, independientemente de su familiaridad con la Biblia. Mientras que Juan y Mateo son apóstoles, Marcos y Lucas no suelen ser considerados como tales. Este es un momento oportuno para prestar una breve atención a Marcos y Lucas, especialmente considerando que confiamos en ellos para obtener información. Además de esto, Juan, Mateo, Marcos y Lucas, hasta cierto punto, parecían confiar el uno en el otro en sus escritos. Este breve resumen no es de ninguna manera exhaustivo, pero debe apuntar a los lectores en la dirección correcta y posiblemente explicar por qué los académicos defienden ciertos argumentos.

Para empezar por el principio, tenemos a Marcos. Por lo general, se considera que Marcos es el mismo hombre que Juan Marcos mencionado en el Libro de los Hechos. Esto lo convertiría en un estrecho colaborador de los apóstoles, particularmente de Pablo y Bernabé. En la Epístola de Pablo a los colosenses, se toma el tiempo para enviar saludos de Marcos a la iglesia, fortaleciendo aún más el vínculo entre los dos autores. Como veremos con Lucas, Marcos proporciona un ejemplo sucinto de la diferencia entre uno de los apóstoles específicamente llamados y los otros creyentes en ese momento, a quienes generalmente se los conocía como discípulos.

La opinión académica estándar es que Marcos escribió su Evangelio antes que los otros tres, probablemente en algún momento alrededor de los años 50 o principios de los 60 d. C. Aunque ahondar en los textos originales sin dedicar mucho tiempo al griego antiguo es una investigación literaria un tanto compleja, numerosas fuentes pueden establecer paralelismos entre los evangelios sinópticos, señalando los lugares en los que los relatos parecen hacerse eco unos de otros o incluso corregir escritos anteriores (Un buen ejemplo de esto se puede ver en la discusión del término «fanático», que abordaremos más adelante. Mateo hace eco de Marcos, pero Lucas contradice a ambos en una nota gramatical.)

Otra razón interesante detrás de darle a Marcos el estatus de primer autor es la extensión de su Evangelio. Marcos es fácilmente el más corto de los cuatro, con Juan, que se considera un Evangelio posterior, siendo más largo. El estilo de escritura en cada uno apoya esta hipótesis. El Evangelio de Marcos es corto y directo, parece establecer los hechos directamente, similar a un artículo de periódico. Juan, por otro lado, sería el que tomaría el artículo y lo convertiría en un libro. Marcos es el que escribe más cerca de la época de Jesús, por lo que tiene sentido que quisiera plasmar los hechos de la forma más rápida y sucinta posible. Juan se tomaba su tiempo para retransmitir los acontecimientos, pontificando sobre elementos e ideas de una manera más filosófica y literaria.

Otra característica interesante que no es fácilmente evidente en los Evangelios mismos son los estilos y temas que se enfatizan, especialmente con respecto a la presunta audiencia. Marcos parece estar escribiendo más hacia una multitud romana o posiblemente gentil, a diferencia de lo que veremos con Mateo en breve. Una forma en que los eruditos pueden discernir esto es por lo que se dice y lo que no se dice. Es evidente el deseo de Marcos de explicar las costumbres judías o de traducir ciertas palabras, en particular el arameo. Un lector romano necesitaría este tipo de información adicional para contextualizar lo que Marcos está tratando de explicar, mientras que una audiencia judía ya estaría familiarizada con sus propios antecedentes.

Para ir en una dirección algo diferente, los dos libros de Lucas (su Evangelio y el Libro de los Hechos) probablemente tenían la intención de ser vistos como una obra dirigida a una persona muy específica. Si bien Lucas no se nombra a sí mismo en el Evangelio, sus escritos se refieren entre sí lo suficiente como para que los eruditos se sientan seguros al darle crédito por ambas obras. Los escribió para un hombre llamado Teófilo, de quien se sabe muy poco, aunque indagar en los antecedentes de Lucas implica que Teófilo pudo haber sido algún tipo de patrocinador o mecenas que ayudó al otro hombre en la vida.

Si bien es probable que Marcos no tuviera una gran educación, el vocabulario y el estilo de escritura de Lucas desmienten a un hombre muy bien informado, y la tradición le otorga la ocupación de médico. De la misma manera que se puede leer un artículo de un niño de diez años y distinguirlo claramente del de un veinteañero, lo mismo se puede hacer con Marcos, Lucas y muchos de los demás escritores. Lucas tenía una comprensión de muchos temas amplios y la capacidad de explicarlos de una manera que fuera identificable para un lector romano. Marcos hace lo mismo, pero el vocabulario y la comprensión de Lucas no solo del griego, sino también del arameo, desmienten una educación más culta que la de algunos de sus compañeros escritores.

Un hecho interesante sobre los escritos de Lucas es que señala libremente que se han hecho otros escritos sobre Jesús, aunque no llega a decir que los usó como referencias, lo que nos da la impresión de que, si bien conocía los Evangelios que lo precedieron, no basó su trabajo en ellos. Esto permite cierta divergencia cuando se cuentan historias similares en cada Evangelio, pero las similitudes siguen siendo sorprendentes.

Al igual que Juan, Lucas tendía a escribir con una voz erudita y reflexiva, pareciendo ver los hechos como solo una parte de la historia más grande. Una vez más, esto se yuxtapone fácilmente con el estilo simple de Marcos y tiene algunos paralelos en la escritura del apóstol que veremos a continuación, Mateo.

Una cosa que distingue al Evangelio de Mateo de inmediato es el idioma en el que probablemente fue escrito. Si bien la copia más antigua existente está en griego, las pistas textuales se inclinan hacia un texto original escrito tanto en hebreo como en arameo. El consenso general es que Mateo era un recaudador de impuestos y se refiere a sí mismo en el capítulo nueve de su libro. Esto es algo paralelo tanto a Lucas como a Marcos, aunque en sus versiones, el oficial se llama Leví. Hay algunas conjeturas de que esto podría significar «Mateo el levita», vinculándolo a una de las doce tribus. Marcos también lleva las cosas un paso más allá y agrega «hijo de Alfeo», haciendo una conexión con Santiago el Menor.

La insistencia en que se nombra la ocupación de Mateo se ha interpretado de varias maneras a lo largo de la historia. Mientras que el lector casual podría verlo simplemente como una declaración de hechos, una forma de darle a la audiencia algo concreto, similar a la descripción de Juan de la puerta de las ovejas, otra visión es más oscura. Ya en Juan Crisóstomo, un padre de la iglesia que vivió alrededor del año 350 d. C., muchos han notado que un recaudador de impuestos era uno de los trabajos más despreciados que una persona podía tener. Si bien el lector moderno podría estar sumido en el odio a los impuestos desde su nacimiento, en tiempos bíblicos, esto habría ido más allá de la típica molestia suspirante de hoy en día.

En general, a lo que el texto se refiere como recaudador de impuestos podría haberse visto como algo un poco más oficial. Es significativo que todos los escritores de los Evangelios que mencionan a Mateo se refieran a él sentado en su cabina. Esto es diferente a un recaudador de impuestos actual que puede llamar o enviar correos o, en casos extremos, presentarse en la puerta de alguien. El trabajo de Mateo estaba más cerca de un agente de aduanas en el sentido de que cualquier mercancía que pasara por su puesto estaba sujeta a impuestos que entraban o salían de la ciudad. Sin embargo, lo que hizo que esta tarea fuera particularmente compleja fue que Mateo probablemente habría pagado por adelantado una cierta cantidad al gobierno al comienzo del período fiscal, lo que hace que su puesto de impuestos sea básicamente una forma de recuperar el dinero que ya había dado. No se requiere un gran salto de fe para creer que, en más de un caso, el recaudador de impuestos terminó con un poco más de dinero del que había invertido inicialmente en su empresa. Pero como ya se le había pagado al gobierno, hubo pocas o ninguna repercusión.

Si todo esto no fuera suficiente, ya que Mateo habría estado recaudando dinero para el gobierno romano, habría sido considerado «extranjero» para el pueblo de Dios, independientemente de cuál fuera su origen genealógico. Con todo esto en mente, se justifica que el lector se haga la pregunta: «¿Por qué un recaudador de impuestos?». Fueron emparejados con pecadores y prostitutas de una manera que se lee casi como si fuera una frase común más que una descripción de un hecho. Zaqueo, otro hombre rico y avaro, es uno de los pocos hombres mencionados en la Biblia que podría haber encajado en esta descripción. Cuando se compara con otras ocupaciones, en particular pescadores o carpinteros, el número de recaudadores de impuestos es notablemente pequeño.

Algunos lectores ven en esto otra forma en que Jesús intentaba enseñar y modelar el tipo de fe que presentaba a sus discípulos. La nueva fe nunca pretendió ser un movimiento solo para judíos. En aquella época, no había forma de dejarlo más claro que encontrar a una de las personas más despreciadas y no solo hacerse amigo suyo, sino convertirlo en uno de los miembros de su círculo más íntimo.

También podría ser que Jesús estaba tratando de hacer una declaración sobre la hipocresía. Una vez más, el análisis textual excede el alcance de este libro, pero cuando uno profundiza en las capas más profundas de la escritura de Mateo, queda claro que no solo estaba bien versado en las Escrituras hebreas, sino que también usó el texto hebreo original, no la traducción griega conocida como la Septuaginta. Mateo pudo escribir en el idioma de su pueblo, usando lo que él consideraba su propio Antiguo Testamento, pero debido a cualquier circunstancia, se encontró en un trabajo que lo colocó fuera del grupo.

Esta puede ser la razón por la que Mateo, más que los otros Evangelios, se refiere al Antiguo Testamento, haciendo grandes esfuerzos para notar las profecías que Jesús cumplió a lo largo de su ministerio. No cabe duda de que Mateo estaba más que familiarizado con la historia y la religión judías. Uno simplemente se pregunta cómo terminó donde lo hizo.

Sea como fuere, los primeros años de la vida de Mateo permitieron que un aspecto único cobrara vida en su Evangelio. Los temas de la Biblia son bastante sencillos, pero uno de los aspectos únicos de la Biblia en su conjunto es la variedad de autores y matices que cada uno puede aportar a un tema concreto. Al igual que Lucas y Pablo, Mateo era bastante culto, al menos en comparación con la mayoría de los demás apóstoles. Por ello, tiende a enfocar su Evangelio de un modo casi legalista. Mateo parece obsesionado con anotar las diversas profecías que Jesús cumplió, y la mayoría de las veces cita directamente el Antiguo Testamento, casi como si fuera un abogado defendiendo sus argumentos. La frase «Entonces se cumplió» aparece catorce veces en Mateo, lo que no parece descabellado si se compara con los demás Evangelios. Juan la utiliza nueve veces, Lucas tres y Marcos solo una. Sea como fuere, parece implicar algún tipo de formación farisaica (la educación superior de los maestros religiosos de la época), no muy distinta de la de Pablo.

Este enfoque da a Matthew una postura más firme en los temas; otros escritores parecen vacilar o, al menos, dar un paso atrás hacia generalidades más vagas. Un aspecto desafortunado es que solo disponemos de una obra de Mateo. Sin textos adicionales ni oportunidades para aclarar sus puntos de vista, Mateo se encuentra en cierto modo solo e incluso en contradicción con los demás escritores.

Una de estas áreas es el Reino de Dios y cómo debe interpretarse exactamente. Este fue un punto continuo de debate para los escritores y discípulos de la época, que, como veremos más adelante con Pablo, era un problema bastante razonable. Por el momento, baste decir que nadie estaba completamente seguro de si Jesús se refería al Reino de Dios como un reino espiritual, tal como lo vemos hoy, o si se refería a un reino físico, concreto y tangible, que de algún modo descendería y arrebataría el poder a Roma. A pesar de la incertidumbre de todos los demás, Mateo parece haberse inclinado hacia la última interpretación.

Otro aspecto que ha causado cierta confusión a lo largo del tiempo es si el Evangelio es esencialmente para los judíos o tanto para los judíos como para los gentiles. Sorprendentemente, dado el aparente desdén que los ancianos de Mateo sentían por él, o quizá debido a ello, Jesús en el Evangelio de Mateo señala específicamente que los creyentes deben mantenerse alejados de los gentiles. Más adelante, sin embargo, Jesús hace comentarios sobre ir a todos los pueblos. Aunque lo más fácil sería considerarlo contradictorio, la literatura bíblica nunca se explica tan fácilmente. ¿Podría ser que Mateo estuviera tan confundido como los demás y se limitara a escribir lo que oyó decir a Jesús, dejando la interpretación al lector? ¿O tal vez esto encajaba con su teoría sobre el Reino físico de Dios, de modo que el Evangelio iría primero a los judíos y luego, una vez que Jesús hubiera establecido su dominio, se permitiría a los demás unirse a él?

Un tercer punto que todavía se debate acaloradamente hasta el día de hoy es cómo Jesús se relaciona con la Ley de Moisés. En Mateo, está muy claro que Jesús ha venido a defender la ley. Ni un punto ni un título debían ser alterados. No hay «modernización», que ocupa una posición más central en las cartas y libros bíblicos posteriores. En la mente de Mateo, parece que la ley es directamente aplicable tanto a los judíos como a los gentiles, no solo para unirlos bajo una bandera común, sino también para mantenerlos en el camino espiritual y, en algunos casos, físicamente.

Estar totalmente de acuerdo con los puntos de vista de Mateo o incluso con esta interpretación general puede arrojar una nueva luz sobre la lectura del Evangelio de Mateo, que quizá sea más conocido por tener la historia de los Reyes Magos. Y esto en sí constituye un buen ejemplo de las complejidades de los escritores del Nuevo Testamento. Aunque, en algunos casos, Mateo puede parecer frío y legalista, también nos ofrece una de las historias más felices y contadas de las fiestas.

Si bien hay algunos libros extrabíblicos que hablan de Mateo, no está del todo claro qué le sucedió después de que escribió su Evangelio. El Evangelio del pseudo-Mateo existe, pero incluso parece ser una combinación de otras dos obras apócrifas, a saber, el Protoevangelio de Santiago y el Evangelio de la infancia de Tomás. Mateo también se menciona en un volumen conocido como el Libro de Tomás el contendiente, aunque este texto nunca se ha considerado para su inclusión en el Nuevo Testamento.

Clemente, un historiador y teólogo de la iglesia que vivió en la segunda mitad del siglo II, leyó Mateo como un texto que promovía la moderación más que cualquier otra cosa. Este es un punto de vista interesante dadas algunas de las posturas que Mateo parece tomar. Quizás aún más sorprendente es que Clemente concluyó que Mateo debe haber sido vegetariano. Si bien es lógico que Mateo hubiera seguido las pautas dietéticas del Antiguo Testamento, dado su riguroso apoyo a la Ley de Moisés, esto no le habría requerido abstenerse de comer carne por completo.

Algunas leyendas eclesiásticas dicen que Mateo acabó viviendo sus días en Etiopía, aunque, como hemos visto, esto apenas delimita una zona. Al final, parece que Mateo simplemente se ha perdido para la historia; quizá fue uno de los pocos apóstoles que llegaron a la vejez y murieron de causas naturales. Cuando aparece en el arte, es en forma de ángel o de hombre con un libro en la mano. Jerónimo observó que al menos cuatro evangelistas bíblicos podían ser vistos de este modo. Basó su idea en un pasaje del Libro de Ezequiel y decidió asignar un nuevo símbolo a cada uno de los escritores de los Evangelios para ayudar a la gente a entender quién era quién. En el diseño de Jerónimo, Mateo está representado por un hombre o un ángel. Marcos es un león. El buey suele representar a Lucas, y Juan adopta la forma de un águila.

Escultura de San Mateo de Camilio Rusconi

Capítulo 7 - Tomás

Tomás el Mellizo, o Dídimo, es quizá uno de los apóstoles más conocidos, sobre todo si se tiene en cuenta el relativamente escaso tiempo que se le dedica en el Nuevo Testamento. De hecho, solo un Evangelio, el de Juan, lo menciona más allá de la lista estándar de los apóstoles. Sin embargo, como en el caso de Bartolomé, existe una gran cantidad de información extrabíblica y tradicional sobre él. Aunque parte de ella puede considerarse casi tan extraordinaria como los animales parlantes de Felipe, algunos de los casos menos fantásticos parecen aportar posibles conclusiones sobre la vida del hombre que quedará vinculado para siempre a la idea de la duda.

Para empezar, como de costumbre, conviene examinar brevemente su nombre. Tomás procede de la palabra hebrea *ta'am*, que significa «emparejado» o «gemelo». De esta palabra deriva el término griego «Dídimo», que solo utiliza Juan. Aunque no parece haber debate sobre a quién se refieren los escritores, especialmente si se compara con algunos de los otros apóstoles, la pregunta más importante sobre el nombre de Tomás es «¿por qué?».

El término arameo *te'oma* también significa gemelo, pero incluso con esta información adicional, el lector sigue sin saber quién era el gemelo de Tomás. En la tradición siríaca, el nombre completo de Tomás es «Judas Tomás», lo que permite arrojar un poco de luz sobre la repetición de «gemelo». Como veremos más adelante con Judas, había un deseo bastante comprensible por parte de los escritores del Nuevo Testamento de establecer claramente la diferencia entre Judas Iscariote y cualquier otro apóstol o discípulo que tuviera el más mínimo parecido con su nombre. Se podría suponer que bastaría con utilizar «Tomás», dado que no hay un número abrumador de individuos con este nombre en la Biblia. (De hecho, a pesar de nuestra tendencia a anteponer «dudoso» a su nombre, no se menciona a ningún otro Tomás en la Biblia. Tal vez no seamos tan diferentes de los autores como podríamos pensar).

Sin embargo, cuando no hay respuesta, la historia nos da al menos alguna conjetura. En el caso de Tomás el Mellizo, tenemos algunas opciones. Una de las menos probables se basa en el hecho de que la tradición estándar dice que Tomás era carpintero. Dado que Jesús también era carpintero y que nunca se nombra al gemelo de Tomás, algunos argumentan que la Biblia asume que el lector hará la conexión lógica y verá a Tomás como el hermano gemelo de Cristo. Una vez más, sin embargo, la Biblia afirma que los hermanos de Jesús no estaban involucrados con los apóstoles, por lo que esta teoría parece carecer de apoyo.

Otra sugerencia algo más fácil de digerir es que Thomas era el gemelo de alguien; solo que no sabemos quién era esa persona. Este argumento seguiría las líneas dadas por la mayoría de las personas que alguna vez han tenido un apodo, siendo algo así como: «Oh, es una larga historia». No cabe duda de que Juan, que era uno de los apóstoles más implicados, se habría familiarizado con Tomás a lo largo de sus años con Cristo y después. No solo eso, sino que, dada la proximidad de las personas implicadas y la probable coincidencia de sus grupos socioeconómicos, no es del todo improbable que algunos de estos hombres fueran amigos antes de que Jesús apareciera en escena. A menudo, un apóstol era llamado y corría a buscar a un amigo o familiar con quien compartir la noticia.

Siguiendo esta línea de razonamiento, Tomás pudo haber sido simplemente conocido como Tomás el Gemelo, y esto era familiar para la audiencia inicial o simplemente se tomó al pie de la letra. En cualquier caso, esto no debería suponer un gran problema para los lectores por varias razones. En primer lugar, no tiene ninguna relación con la teología o la historia de la Biblia en su conjunto, y, en segundo lugar, nos hemos acostumbrado a poner etiquetas a los apóstoles; al fin y al cabo, tenemos al Mayor, al Menor, al Protocleto, etcétera.

Dejando a un lado todo esto, veamos las acciones de Tomás en la Biblia y en fuentes externas. Como ya se ha mencionado, el Evangelio de Juan es el único libro que da alguna participación a este apóstol, aunque incluso para los estándares bíblicos, no es abrumadora. Aparte de la infame escena de la «duda», que se discutirá momentáneamente, Tomás solo tiene tres interacciones.

En la primera, y quizás en lo que algunos podrían considerar un momento chocante, Tomás se encuentra animando a los otros apóstoles a morir con Jesús. Para ser un hombre que ha tenido fama de dudar durante siglos, Juan presenta al lector a un Tomás muy audaz y entregado. Mientras que a lo largo del Nuevo Testamento se ve a otros apóstoles en diversos estados de gloria y vergüenza, Tomás aparece como más celoso que el apóstol que lleva ese sobrenombre. No se puede decir con certeza cuál era la intención de Juan al escribir de esta manera. Tal vez se limitó a poner los acontecimientos en orden cronológico y dejar las cosas como estaban. También existe la interpretación de que al mostrarnos lo atrevido que fue Tomás en su primera aparición, Juan permite un momento aún más chocante cuando Tomás parece cuestionar las cosas que Jesús ha dicho. En un momento, el hombre está dispuesto a morir por su Mesías; al siguiente, ni siquiera cree una palabra que salga de su boca.

Si se examinan los otros casos en los que Juan menciona específicamente a Tomás, es más fácil tener una visión más completa de este hombre. El segundo lugar donde aparece Tomás es después de que Jesús lava los pies de los apóstoles. Jesús lleva hablando bastante tiempo durante la reunión y, aunque corresponde al lector decidir la claridad de sus palabras, Tomás se toma el tiempo de verificar cierta información.

En el capítulo 14 del Evangelio de Juan, este registra la descripción que hace Jesús de la «casa de su padre», que tradicionalmente se interpreta como el cielo. Cristo comenta que preparará habitaciones para sus seguidores y que podrán seguirle. De un modo no muy distinto al de Pedro, Tomás toma la palabra y dice: «No sabemos adónde te diriges, así que ¿cómo se supone que vamos a seguirte hasta allí?». Esto no solo prepara el terreno para la conocida declaración de Jesús de «camino, verdad y vida», sino que también es un momento muy revelador para los apóstoles.

Se ha dicho de varias maneras que una de las cosas más importantes y más difíciles de recordar al leer la Biblia es que estos hombres no tenían la ventaja de dos mil años de teología. Cuando Jesús hizo esta afirmación (y probablemente muchas otras), resultó confusa para quienes la escucharon. Tomás hace lo que se consideraría una pregunta muy lógica. «¿Cómo llegaremos allí?».

Tomás tiende a mostrar un lado muy realista y humano de lo que seguramente fueron unos años salvajemente impredecibles y confusos. Claro, ahora que los eruditos y teólogos han debatido el texto que tenemos, es fácil burlarse del comportamiento de estos hombres. Sin embargo, lo que los hace tan atractivos son los aspectos tan cercanos que nos ofrecen estas «tontas» preguntas. No solo eso, sino que, al hacer los apóstoles estas preguntas, el escritor es capaz de presentar al lector la respuesta de Jesús. En cierto sentido, es como si Juan se adelantara a nuestras preguntas y nos proporcionara una situación coherente en la que entender las palabras de Jesús. En otras secciones, hemos examinado los «libros de dichos» que circulaban en torno a la época de Jesús y justo después. Habría sido relativamente sencillo recopilar un volumen de cosas que dijo Jesús. Pero sin el contexto y la aclaración que puede proporcionar una discusión con intercambio de opiniones, es posible que nos hayamos encontrado mucho más cerca de la reacción de Tomás de lo que nos gusta pensar.

Teniendo esto en cuenta, quizá la tercera escena, la de la duda de Tomás, pueda verse con mejores ojos. En la sección sobre Mateo, se hicieron algunos comentarios sobre el Reino de Dios y cómo había varias interpretaciones de lo que Jesús quería decir exactamente cuando utilizó esta frase. La situación de Tomás no es diferente. En todo caso, habría sido aún más extraña a oídos de los apóstoles. Cuando Jesús afirmó que volvería, ninguno de sus oyentes habría sabido qué esperar. Es probable que la insistencia de Tomás en obtener pruebas físicas se deba a su deseo de tener pruebas de que Jesús había regresado en un cuerpo físico, y no solo de que había resucitado como espíritu. Aunque esto pueda parecer una tontería, es un buen ejemplo de lo extrañas que habrían resultado para sus seguidores algunas de las afirmaciones de Cristo y de lo difícil que habría sido imaginar lo que Jesús quería decir con sus palabras aparentemente sencillas. Si a esto se añaden las dudas de Tomás en el sepulcro, más adelante en la narración, es fácil entender por qué se ganó su apodo, aunque «Tomás el incrédulo» podría haber sido más adecuado.

La idea de la resurrección no era totalmente desconocida en aquella época, pero tampoco era un tema de conversación habitual. Por su origen judío, los apóstoles estaban familiarizados con el Antiguo Testamento y las historias que allí se cuentan. El problema es que, aunque Enoc y Elías supuestamente nunca murieron, y el rey Saúl tuvo conversaciones con un fantasma, ninguno de estos dos casos aborda realmente de qué está hablando Jesús. De hecho, parece bastante lógico que Tomás se sienta confundido cuando Jesús empieza a insinuar que su cuerpo físico volverá. Después de todo, los cuerpos de Enoc y Elías desaparecieron, y se puede suponer que con quienquiera que Saulo mantuviera una conversación tampoco tenía ya cuerpo. Como en otros lugares del Nuevo Testamento, no parece tan descabellado que un apóstol dijera el equivalente a «Bueno, espera, así que me estás diciendo...».

El retrato final que Juan hace de Tomás parece mostrar algún tipo de reconciliación entre Jesús y el apóstol, suponiendo que hubiera mala sangre entre ellos para empezar. Jesús no solo vuelve a referirse a la petición de Tomás, sino que también se presenta inmediatamente al lector el milagro de los peces, al que a menudo se hace referencia, en el que se indica a los apóstoles que echen las redes al otro lado de la barca. Es imposible saber si hay una intención al enumerar a Tomás o si se trata simplemente de otro caso en el que Juan trata los hechos como hechos. Lo que el lector puede ver, sin embargo, es que incluso el hombre conocido a lo largo de la historia por su falta de fe sigue siendo fuerte al final de su historia.

A menudo, leer la Biblia puede verse como leer dentro de la Biblia, así que para equilibrar algunas de las inferencias anteriores, echaremos un rápido vistazo a la aparición de Tomás en otras obras y veremos dónde lo sitúa la historia al final de su vida.

Dos importantes obras apócrifas llevan el nombre de Tomás: los Hechos de Tomás y el Evangelio de Tomás. Este último ha adquirido cierta notoriedad debido a un pasaje en el que Jesús tranquiliza a sus apóstoles sobre el futuro de María, señalando que simplemente la convertirá en hombre para que pueda llegar al cielo. Una vez más, a veces está bastante claro por qué los textos apócrifos no parecen coincidir con los libros canónicos.

Dejando a un lado este tipo de artimañas, algunos apuntes en las obras ajenas permiten ser más realistas. Tras la última aparición de Tomás en el Nuevo Testamento, se dirigió al este y fundó la iglesia en la India. Como hemos dicho, «India» podría significar prácticamente cualquier lugar, pero las iglesias de la India moderna siguen remontando sus raíces a este discípulo.

También existe el Libro de la Resurrección, supuestamente escrito por Bartolomé, que describe a Tomás teniendo un hijo y teniendo que marcharse en un momento dado para resucitar a este niño de entre los muertos. Una vez realizado este milagro, Tomás erige a su hijo en obispo. Evidentemente, este tipo de jerarquía recuerda a la Iglesia católica y, aunque este volumen no emite juicio alguno sobre estos temas, cabe señalar que el filósofo del siglo XIII Gregorio Bar Hebrao se refiere a Tomás como el «papa de Oriente». No se puede saber con certeza si se trata de una tradición que se perpetúa o no.

Sin embargo, la historia estándar concede a Tomás la misma muerte por vejez que a Mateo. Según Clemente de Alejandría, fue en un lugar no especificado. Otros dicen que fue en la ciudad de Edesa, y otros lo sitúan sistemáticamente en la India. El extravagante John Mandeville (dejando a un lado su propia historicidad) afirma haber visto la tumba de Tomás, aunque eso en sí podría bastar para dar a entender que tal lugar no existe.

Como era de esperar, en el arte, Tomás es el hombre con la mano en el costado de Jesús, aunque también se lo ha representado sosteniendo un hacha, una lanza o herramientas de carpintería, que reflejan su supuesto oficio.

Capítulo 8 - Judas y Simón (el zelote)

Judas y Simón el Zelote (un nombre discutido y utilizado aquí simplemente como aclaración con respecto a Simón Pedro) son dos de los apóstoles más desconocidos. La tradición eclesiástica sugiere que estos dos hombres pasaron gran parte de su tiempo juntos, posiblemente incluso fueron martirizados juntos, y es por esa razón por la que hemos decidido emparejarlos en este capítulo. Además, tanto Judas como Simón son buenos ejemplos de la lucha a la que se enfrentan los eruditos cuando se trata de tareas aparentemente sencillas, como ponerse de acuerdo en los nombres. Sin embargo, como veremos, ese debate no tiene por qué hacer tambalear la creencia de nadie en la existencia de estos hombres; simplemente se utiliza como indicador para hacernos saber cuándo tenemos que buscar más ampliamente para encontrar la información que buscamos.

Otra razón por la que estos dos nombres suelen aparecer juntos en escritos y referencias es que la Biblia tiende a emparejar a los dos hombres. Como hemos visto, aunque hay algunas variaciones en el orden de los apóstoles cuando aparecen en los relatos bíblicos, Judas y Simón aparecen a menudo uno al lado del otro. Este libro no puede abordar la cuestión de si esto prueba o lleva a situarlos juntos a lo largo de sus ministerios. Sin embargo, algunos eruditos han observado que el único elemento consistente en la lista es la colocación. Judas y

Simón suelen ocupar los puestos décimo y undécimo en la lista de Apóstoles, independientemente del autor bíblico que se esté analizando.

Esto ha llevado a especular que estos dos hombres de alguna manera «no son importantes» o pueden ser vistos como «menores». De hecho, como hemos visto con Santiago, los términos «menor» y «mayor» se han utilizado antes en la escritura eclesiástica. También es importante señalar que todo esto son especulaciones. Si bien es cierto que Pedro suele ser el primero y Judas Iscariote el último, el lector no debe suponer que existiera un sistema de clasificación entre los apóstoles o que los escritores tuvieran prejuicios al redactar el texto bíblico.

Judas

Comenzaremos con Judas, un ejemplo perfecto de la confusión en los nombres. Normalmente se acepta que este hombre fue el autor del libro del Nuevo Testamento que lleva su nombre, aunque se encuentra muy poco en la Biblia que lo mencione más allá de esto. El Evangelio de Juan es el único libro que hace referencia específica a Judas, en el capítulo 14, versículo 22, durante la Última Cena.

«Entonces Judas (no Judas Iscariote) dijo: "Pero, Señor, ¿por qué pretendes mostrarte a nosotros y no al mundo?"».

Aunque nuestro libro no pretende en modo alguno ser un texto teológico, el lector ya puede ver una versión simplificada de algunas de las cosas a las que se enfrentan los eruditos. ¿Son Judas y Judas (no Iscariote) la misma persona? Para enturbiar aún más las aguas, Lucas menciona a «Judas, hijo de Santiago», mientras que Mateo y Marcos no se refieren a Judas, sino a «Tadeo». Además, en la apertura del Libro de Judas, el autor se refiere a sí mismo como el «hermano» de Santiago. Así pues, ¿de cuántas personas se trata y cómo podemos diferenciarlas?

Como cabría esperar, muchas de las dificultades que plantea la Biblia se deben, de un modo u otro, a la traducción. No solo nos enfrentamos a una brecha temporal de dos mil años, sino que también estamos leyendo versiones castellanas de libros escritos originalmente en griego, hebreo y arameo. Una vez que entraron en juego las traducciones latinas de Jerónimo, por no hablar de las innumerables traducciones (incluso solo al español) a lo largo de los años, resulta más fácil ver cómo un desliz de la pluma puede crear toda una montaña de problemas textuales.

Afortunadamente, algunos aspectos del debate pueden entrar en el terreno de lo que podríamos llamar el sentido común. Como podemos ver en el texto anterior, el propio Juan se esforzó en señalar que no se trataba de Judas Iscariote. Por ello, no es difícil suponer que muchos otros, probablemente el propio Judas, prefirieron asegurarse de que no hubiera confusión. Una tendencia similar puede observarse hoy en el abandono de ciertos nombres que una vez fueron comunes pero que ahora están manchados por un personaje histórica0 (pensemos en Adolfo). Aunque no fuera el caso, está claro incluso para el lector ocasional que, en una lista con nombres repetidos como Simón, Santiago y Judas, es necesario hacer algún tipo de separación, igual que se haría con amigos o conocidos de nombre similar hoy en día.

Una opción era mostrar una relación familiar. Pero, ¿es Judas hijo o hermano de Santiago? En este caso, parece lo más lógico tomar al hombre por su propia palabra y apoyarse en el texto que escribió, que utiliza el término «hermano». Otra nota más técnica es que Lucas solo escribe «Judas de Santiago» en griego. Aunque esta construcción se utiliza a menudo para denotar una relación de padre e hijo, no tiene por qué ser así, y cuando las pruebas apuntan a lo contrario, está dentro de los límites de la lógica y del lenguaje ponerse del lado de las afirmaciones hechas por el hombre en su propio escrito.

Para continuar con nuestros pasos lógicos aquí, llegamos al uso un tanto desconcertante de «Tadeo», que es utilizado por dos de los escritores de los Evangelios. Lo lógico es que ambos no escribieran correctamente once de los doce nombres y luego cometieran exactamente el mismo error y lo sustituyeran por el mismo nombre erróneo. La tradición eclesiástica ha confundido los dos nombres, y los lectores pueden encontrarse a menudo con Judas Tadeo, con Tadeo funcionando como una especie de construcción del apellido. Lo que vemos (como en el caso de Bartolomé) es un mundo multicultural. En aquella época, Oriente Próximo era un hervidero de cultura y diversidad. «Judas» se considera a menudo una variante griega del hebreo «Judah», por lo que no es absurdo pensar que la asociación puede haberse evitado si no es por otra razón que para evitar confusiones.

Ahora bien, aunque esto pueda parecer el camino más largo, es importante tener una idea de los diversos nombres que puede tener este apóstol en particular a la hora de buscar su aparición en otros textos. Como se ha dicho, el Nuevo Testamento solo tiene un versículo fuera del Libro de Judas, que es una carta muy debatida cuando se estaba recopilando el canon. Como siempre, un problema con esta especulación es la repetición de nombres comunes. Sabemos que Jesús tenía un hermano llamado Santiago, y Judas también lo reivindica para sí mismo. Sin embargo, en Hechos 1:14, aparece una frase interesante que parece implicar fuertemente a la familia cercana de Jesús.

«Todos ellos [los apóstoles] se unían constantemente en oración, junto con las mujeres y María la madre de Jesús, y con sus hermanos».

Como se ha mencionado, este libro está escrito para presentar argumentos teológicos. Esta escritura se señala para mostrar cómo la Biblia implica que los hermanos de Jesús estaban separados de los apóstoles. Si este es el caso, es razonable que Judas, quien claramente es listado como un apóstol, era simplemente otra persona relacionada con Santiago en el siglo primero. Se ha argumentado que en la larga lista de Santiagos, Judas podría ser hijo de otro apóstol, Santiago, hijo de Zebedeo, lo que convertiría a Judas en sobrino del apóstol Juan. Sin embargo, aunque todo esto puede ser intrigante para esbozar y teorizar, al final, se deja al lector que realice su propia investigación y llegue a sus propias conclusiones. Sin embargo, la mayoría de los eruditos están de acuerdo en que Judas y Tadeo son la misma persona y que esta persona escribió el Libro de Judas.

Y ahí termina todo lo que la Biblia tiene que decirnos sobre este hombre. Entonces, ¿qué podemos extrapolar de otros documentos históricos? Por desgracia, el Libro de Judas carece de un destinatario concreto. Otras cartas bíblicas, o epístolas (Romanos, Gálatas, Corintios), se llaman así porque se refieren directamente a iglesias de esas zonas. De la misma manera que se puede suponer que una carta que comienza «Estimado Bill» va dirigida a alguien llamado Bill, podemos suponer con seguridad que estas cartas iban dirigidas a los destinatarios expresamente enumerados. Sin embargo, la carta de Judas carece de esto. Esto podría implicar que el destinatario era obvio en ese momento, algo parecido a pasar una nota directamente del escritor al lector. También podría implicar que Judas escribió a un público general, algo parecido al libro que usted está leyendo ahora. Para tratar de reducir las cosas, el camino más sencillo es mirar hacia atrás a través de los siglos de tradición eclesiástica y tratar de encontrar lo que parece más lógico e históricamente apoyado.

Aunque se habla de que Judas estuvo emparejado con Bartolomé mientras trabajaban en las iglesias armenias, normalmente se menciona a Simón el Zelote como una especie de compañero de trabajo. Gran parte de esto se basa en el hecho de que, tanto en la tradición eclesiástica oriental como en la occidental, se dice que Simón y Judas fueron martirizados juntos. Aunque el uso de términos como «tradición» y «leyenda» puede añadir un poco de escepticismo a las opiniones de algunos lectores, en ámbitos como este, uno solo puede remontarse hasta donde lo permitan los registros escritos y hacer lo posible por discernir un registro histórico.

Si los diversos (y numerosos) textos tradicionales son correctos, Judas desempeñó diversas funciones como lo que hoy se consideraría un «plantador de iglesias» o maestro en Judea, Samaria, Siria, Libia y otras zonas de Mesopotamia. También es posible que visitara Beirut y Edesa, y que trabajara en Armenia, como ya se ha mencionado. El consenso general es que Judas fue martirizado en lo que hoy es Irán alrededor del año 65 d. C. La datación textual de sus escritos se sitúa entre el 50 y el 110 d. C., lo que parece lógico. La discrepancia aquí, y con la mayor parte del registro bíblico, es que los eruditos carecen del manuscrito real que fue «escrito por la mano de» el autor. Sin embargo, es razonable suponer, basándose en pistas contextuales, que la carta fue escrita antes del año 70 d. C., cuando cayó el Templo de Jerusalén.

Judas parece un apóstol «típico». Estuvo presente con Jesús durante su ministerio, más tarde evangelizó a las iglesias del mundo conocido y luego fue martirizado por su trabajo. Así que, al buscar a Judas en el arte religioso, surge la pregunta de cómo encontrarlo. Como muchos de los apóstoles, Judas suele ser representado sosteniendo el instrumento de su martirio, en este caso, un garrote o un palo. Como ya se ha dicho, la tradición cuenta que los últimos días de Judas tuvieron lugar en Irán con Simón hacia el año 65 d. C., y que el primero probablemente fue golpeado hasta la muerte con este objeto, a veces representado también como una alabarda de aspecto más medieval.

Sea como fuere, a Judas se le conoce a menudo como el «santo patrón de las causas perdidas». Se esté o no de acuerdo con la teología, los eruditos suelen señalar (con humor) que, dada la dificultad de precisar hechos concretos sobre Judas/Tadeo, su santidad ha sido debidamente asignada. A menudo, cuando se investiga sobre Judas, simplemente hay que tener fe.

Simón el Zelote

Como ya se ha dicho, Simón y Judas aparecen juntos en muchas obras extrabíblicas debido a su proximidad y a la tradicional coincidencia de sus lugares definitivos de misión y martirio. Aquí, el lector encontrará otro paralelismo entre ambos, ya que Simón el Zelote también sufre un debate sobre el nombre por el que es más conocido.

Ya hemos hablado antes, y volveremos a hacerlo, de la necesidad de diferenciar los nombres en nuestra lista de apóstoles. Así pues, del mismo modo que un profesor de primaria podría asignar iniciales a alumnos con nombres similares (por ejemplo, Carlos B y Carlos M), los autores de Mateo, Marcos y Lucas hicieron todo lo posible por demostrar que Simón, «que se llama Pedro», es una persona distinta de Simón «el Zelote». Si bien esto puede parecer una forma bastante sencilla y quizás elogiosa de distinguir a este último Simón, es, de hecho, otro caso en el que hay que profundizar un poco más en una simple palabra o designación para encontrar capas de significado, intención y quizás verdad.

Como punto de partida, debemos fijarnos en el nombre utilizado tanto por Mateo como por Marcos, que es «Simón el Cananeo», que literalmente significa «Simón, el de Caná». Aunque esta parece ser la forma más sencilla de mostrar la diferencia entre este Simón y Simón-Pedro (de quien se dice que era de Betsaida), pocas cosas en la investigación bíblica suelen resultar así. Sin embargo, parece que este detalle marcado más sencillo era la intención de Mateo y Marcos. Sin embargo, cabe preguntarse por qué Lucas no hizo lo mismo.

La respuesta parece estar, una vez más, en la variedad de lenguas utilizadas en la época, así como en los diversos orígenes de los hombres que escribieron los libros de la Biblia. Utilizar términos de gradación como «más inteligente» o «mejor educado» es difícil cuando no solo la brecha temporal es grande, sino también el estándar de inteligencia, que podría variar de una época a otra y de un lugar a otro. Lo que sí sabemos es que parte de la confusión en torno al epíteto de Simón podría derivarse de la familiaridad con las lenguas, especialmente el arameo. Aunque Mateo, Marcos y Lucas escribieron todos en griego koiné («común»), eso no significa que todo lo que oyeron y leyeron pudiera copiarse sin más. De la misma manera que una palabra puede traducirse, por ejemplo, del alemán al inglés, también puede transliterarse. Esta práctica consiste en tomar una palabra del alfabeto de una lengua y escribir sus sonidos con las letras de otra. Como el español y el ruso tienen alfabetos diferentes, podemos transliterar la palabra «gato» como «koshka», pero a menos que utilicemos el alfabeto cirílico, no podemos escribirla aquí; simplemente no tenemos las letras correctas.

Multipliquemos este problema por tres alfabetos y nos daremos cuenta de las dificultades a las que se enfrentaban los autores. El griego, el hebreo y el arameo tienen alfabetos distintos, compuestos por un número diferente de letras, y, como hemos visto con el ejemplo de *koshka*, algunas letras no tienen un espejo o gemelo cuando pasan de una lengua a otra. Esta parece ser la forma en que Simón llegó a recibir Caná como su hogar. Al transliterar al griego, Mateo y Marcos llegaron a lo que en letras españolas sería algo así como «ho Kananaois», más o menos «de Caná». Lucas, sin embargo, pareció darse cuenta de que lo que estaba viendo no era una situación en la que la transliteración condujera a una respuesta sencilla.

Hay una palabra en hebreo que se representa aproximadamente como «qana». Una palabra similar en arameo es «qan'ana». A partir de estos ejemplos, es fácil ver cómo uno podría leer, o especialmente oír, estas palabras y asumir una correlación directa con Cana o Canaán. Lo que Lucas aparentemente sabía que nuestros otros autores no sabían es que estas palabras no se refieren a un lugar; se refieren a una característica. *Qana* puede traducirse aproximadamente como «ardiente», y *qan'ana* es la palabra aramea para «celoso». Lo que tenemos no es necesariamente una situación en la que Lucas el médico sea «más inteligente» que Mateo el recaudador de impuestos; simplemente parece haber estado más familiarizado con una lengua extranjera.

Tal vez esto parezca una exageración. Después de todo, si uno tiene a Simón Pedro, es lógico que Simón (no Pedro) esté claramente separado. Aquí es donde el historiador Josefo viene en nuestra ayuda. Josefo nació aproximadamente alrededor del año 37 o 38 d. C. y vivió hasta el año 100 d. C. El valor de la superposición aquí es obvio. Contar con un escritor secular que vivió en la misma época en la que tuvieron lugar los acontecimientos bíblicos nos proporciona una visión más amplia del mundo en general.

Lo que aprendemos de Josefo es que, alrededor de esta época, había una secta o grupo particular de creyentes judíos que eran notablemente más fundamentales que la mayoría de los demás. Aunque hay cierto debate sobre lo que esto implicaba exactamente (algunos argumentarían que Josefo tenía un rencor personal contra los judíos y encontró en ellos un chivo expiatorio fácil), se acepta históricamente que existía de hecho una rama del judaísmo y que se los llamaba comúnmente zelotes. Así pues, la pregunta que se nos plantea ahora es si Lucas utiliza el término zelote para denotar la afinidad de Simón con esta secta, o si se trata de una simple y desafortunada coincidencia.

Por desgracia, esta pregunta no es fácil de responder. Saber cuál era la intención del autor nunca es tan sencillo como los lectores podrían preferir. Lo que podemos hacer es examinar la cronología histórica y dejar que el lector saque sus propias conclusiones.

En general, se acepta que Lucas escribió su Evangelio en torno al año 85 d. C., con un margen de cinco a diez años, lo que nos da el período comprendido entre el 75 y el 95 d. C. Es importante tener esto en cuenta porque, aunque los zelotes existieron de alguna forma a lo largo de la historia, sus aspectos militantes a los que se refiere Josefo no comenzaron hasta aproximadamente treinta años después de la vida de Cristo, entre el 60 y el 65 d. C. Como hemos visto antes, si Judas y Simón fueron martirizados al mismo tiempo, aproximadamente en el 65 d. C., hay cierto solapamiento entre los apóstoles y el periodo más famoso, o infame, de la secta.

Sin embargo, parece bastante fuera de lugar que un apóstol abandonara su fe cristiana para unirse a los zelotes, sobre todo porque no se menciona en la Biblia. La traición de Judas Iscariote e incluso las dudas de Tomás son historias bastante conocidas en la tradición cristiana. Que Simón se hubiera convertido realmente en un zelote habría equivalido también a dar la espalda a Cristo. Por estas razones, parece seguro decir que mientras Mateo y Marcos hicieron todo lo posible por diferenciar a Simón de Simón Pedro utilizando un punto de referencia geográfico, Lucas se dio cuenta del desliz en la transliteración y diferenció a Simón por un rasgo de carácter más complementario. Así pues, tenemos a Simón, que se llamaba Pedro, y a Simón, el apóstol ardiente, emocionado, dedicado y ferviente.

En general, la historia de la Iglesia guarda silencio sobre Simón. En los tres primeros siglos después de su muerte, se puede encontrar muy poco que lo mencione específicamente por su nombre. Por lo tanto, se deja mucho a la extrapolación del lector y del investigador. Al igual que su nombre, existen varias historias sobre la muerte de Simón, aunque destaca por ser uno de los pocos apóstoles cuya historia se limita a su muerte por vejez. Al menos, así termina Basilio de Cesarea la historia de Simón en Edesa. En algunas tradiciones coptas (generalmente egipcias) de los siglos V y VI, aunque Simón pasó sus últimos días en Irán, era más viajero de lo que se pensaba, pues se le atribuyen viajes misioneros tan al norte como Britania.

Cualquier investigación sobre Simón probablemente producirá algún comentario sobre las similitudes entre este Simón y el hermano de Jesús llamado Simón, a veces escrito Simeón, que más tarde fue nombrado segundo obispo de Jerusalén. Esto es particularmente apoyado por un escritor histórico llamado Eusebio, que escribió sus historias de la iglesia en algún momento alrededor de 325. Eusebio basa sus afirmaciones en un historiador y viajero anterior llamado Orígenes, que afirmaba haber escrito sus obras a partir de experiencias de primera mano. Sea como fuere, si seguimos la cronología de Eusebio, Simón/Simeón era hermano (o medio hermano) de Jesús y tuvo un final muy distinto al de Judas.

La famosa *Historia Eclesiástica* de Eusebio nos dice que al final de la vida de Simón, fue torturado durante varios días por un hombre llamado Atticus, el gobernador provincial de Judea. Esto hace retroceder nuestra cronología unas décadas, ya que Atticus estaba en el poder alrededor del año 100 d. C. Si este es el caso, Simón vivió unos treinta y cinco años más después del martirio de Judas. Lo que hace esto especialmente interesante es que Eusebio afirma que Simón fue crucificado después de la tortura, lo que hace de la crucifixión la causa real de su muerte. Además, se señala que Simón tenía 120 años en ese momento.

Aunque en la Biblia no escasean los individuos longevos, estos suelen quedar relegados al Antiguo Testamento. Además, el Libro de los Hechos parece dar a entender que el hermano de Jesús, Simón, no habría sido apóstol para empezar, en cuyo caso el Simón del que habla Eusebio podría haber sido alguien totalmente distinto. En aras de la simplicidad y para seguir la tradición eclesiástica, hay que señalar que se cree que Simón el Zelote murió hacia el año 65 d. C. en Irán junto a su compañero apóstol Judas, después de haber hecho proselitismo en varios lugares lejanos, como Egipto, Cirene y otros puntos de África.

Cuando se busca a Simón en obras de arte u otra iconografía, a menudo se lo representa sosteniendo el instrumento de su martirio. Se trata de un instrumento especialmente horripilante. Mientras que Judas fue golpeado con un garrote, la creencia generalizada es que Simón fue cortado por la mitad longitudinalmente con una especie de sierra larga a dos manos.

Escultura de San Simón

Para cerrar este capítulo sobre dos de los apóstoles más misteriosos, quizá sea prudente señalar una de las conexiones más desenfadadas que los biblistas han establecido a lo largo de los años. Una vez más, aunque no se puede probar (ni refutar), se sitúa en el ámbito de las esperanzas o los pensamientos agradables.

Al principio del Evangelio de Juan (capítulo 2), Jesús realiza lo que se considera el primer milagro al convertir el agua en vino y con ello, según algunos, hacer una especie de anuncio formal del comienzo de su ministerio. No se da mucho contexto para esta breve sección, aparte de que Jesús está en una boda y que tiene lugar en Caná. Dada la situación un tanto enrevesada del hebreo, el arameo y el griego (de la que ya hemos hablado), puede que no parezca indiscutible que Simón fuera de Caná, y mucho menos cananeo. Pero a algunos les resulta agradable pensar que tal vez la misma boda en la que Jesús comenzó su ministerio fue una celebración de los votos de un hombre que más tarde se convertiría en uno de sus primeros apóstoles.

Capítulo 9 - Judas Iscariote y Matías

Al llegar a la recta final de nuestro recorrido, tropezamos con una pareja bastante intrigante. Uno es quizá el apóstol menos conocido, tanto por lo que la Biblia dice de él como por lo que una persona normal podría nombrar. El otro es quizá el hombre más conocido de la religión cristiana. Que uno sea esencialmente el sustituto del otro no es algo que pueda verse a primera vista. No solo eso, sino que la razón por la que se necesitaba un sustituto ha sido objeto de debate y discusión desde que se lee la Biblia.

Judas

Teniendo en cuenta que Judas podría ser una de las principales razones por las que hay tanta confusión con respecto a los nombres en la Biblia, uno pensaría que la discusión sobre su nombre sería bastante sencilla. Afortunadamente, así es en la mayoría de los casos. El apellido «Iscariote» se presta a algunas interpretaciones, pero en gran parte se debe a la falta de apellidos en aquella época. Iscariote significa literalmente «hombre de Keriot» y sería una forma bastante típica de referirse a una persona, no más extraña que la construcción «hijo de» a la que nos hemos acostumbrado con algunos de los otros apóstoles.

Donde la historia de la Iglesia se ha desviado un poco es con respecto a los sicarii. Se trataba de un grupo de judíos violentos conocidos por sus tácticas agresivas, ya que preferían utilizar puñales para transmitir su mensaje. Alinear al traidor de Jesús con un grupo de judíos que ya eran despreciados podría parecer demasiado fácil, e históricamente hablando, lo es. Aunque los sicarii existieron y fueron una violenta secta de la religión judía, no se desarrollaron hasta, como mínimo, finales de los años 50 d. C. Dado lo que la Biblia nos dice sobre la vida de Judas, incluso si hubiera encajado maravillosamente bien en el grupo (lo cual es discutible), habría muerto al menos una, si no dos, décadas antes de que este grupo siquiera llegara a existir.

Lo que vemos aquí es una tendencia que nos seguirá a lo largo de esta sección sobre Judas. Una vez que un hombre ha sido etiquetado como «malvado», parece que no hay límite a las calumnias que se pueden lanzar sobre él. Si bien esto puede no molestar moralmente, sí causa algunos problemas históricamente, y la imposible, aunque a veces aceptada asociación de Judas con los sicarii es solo un ejemplo de ello.

Un problema con nuestra visión de Judas es el simple hecho de que todos los Evangelios fueron escritos después de que todo hubiera concluido. No tenemos ninguna instancia de Judas actuando de una manera apropiada o incluso neutral. Si estas historias existieron, o nunca llegaron a los Evangelios o fueron rápidamente editadas, aunque este último punto parece altamente improbable. Incluso en las listas de apóstoles, Judas aparece siempre en último lugar. La interpretación de este hecho depende de la importancia que se conceda a la naturaleza jerárquica de las listas.

Como hemos afirmado en numerosas ocasiones, no debe tomarse como designación divina dónde cae alguien en estas listas. Pero también está claro que Pedro es siempre el primero y Judas el último. Ciertamente, parece haber algún tema subyacente. El problema surge al aplicar esta estrategia al resto de la lista, sobre todo porque el orden no es totalmente coherente en todos los Evangelios. Una forma general de verlo es que, mientras la primera y la última posición sean coherentes, el resto no es del todo relevante. Eso estaría bien siempre y cuando uno no invierta demasiado en la idea de que el número de un apóstol en la lista coincide con el orden en que fue llamado.

Sea como fuere, la traición de Judas a Jesús le valió el último lugar en todas las listas, así como el deshonor de ser mencionado solo de forma bastante negativa en otras partes de las Escrituras. La cronología exacta de la conspiración y la traición de Judas varía ligeramente en las diversas versiones de la historia, ya que cada escritor tiene su propia visión personal de las cosas. Para ver a Judas con cierta claridad, lo más sencillo es examinar los acontecimientos coherentes y luego ver cómo los trata cada autor.

En general, sabemos que Judas traiciona a Jesús por treinta monedas de plata. Cómo y por qué habría dado la espalda a un hombre que era esencialmente un maestro y amigo ha sido una interrogante para los eruditos desde que se estableció la historia por primera vez. Los hechos aceptados son que Judas accedió a entregar a Jesús a las autoridades romanas, que afirmaban que Jesús estaba intentando iniciar una rebelión. Al traicionar a Jesús de esta manera, Judas no solo se garantizaba el arresto del hombre, sino también un juicio que probablemente conduciría a un duro castigo. Incitar a una rebelión, entonces como ahora, es similar a la traición y no se toma a la ligera.

No está del todo claro cómo se acordó el precio de treinta piezas de plata ni de dónde procedía precisamente. Algunas fuentes culpan específicamente a un hombre llamado Zacarías; era uno de los sumos sacerdotes que trabajaba con los funcionarios del gobierno con la esperanza de resolver esta posible revuelta. Otras son menos condenatorias con respecto a una persona concreta y dejan la parte pagadora en manos de algún tipo de organización gubernamental imprecisa.

Tampoco está claro el momento en que tiene lugar. Lo que el lector puede olvidar fácilmente es que, aunque Judas traiciona a Jesús con un beso, el trato en sí ya estaba hecho de antemano. El momento exacto de este acontecimiento depende de la interpretación del lector, aunque el momento se reduce a la unción de los pies, que sabemos que tuvo lugar en Betania. Ahora bien, la confusión radica en si Judas actuó *después* de este acontecimiento o simplemente *en* Betania. Algunos podrían no ver ningún problema aquí en absoluto. Judas estaba en Betania, y después de que Jesús ungió los pies de todos, Judas salió y consiguió sus treinta siclos. Eso puede muy bien ser. También podría leerse desde el ángulo de que *después* de que todos los eventos en Betania terminaron, incluyendo incluso estar en el pueblo, Judas regresó a recoger su dinero. O tal vez solo tenemos dos eventos, uno sucediendo después del otro en el tiempo.

A pesar de lo irritante que pueda sonar esto, hay una razón por la que los teólogos agonizan por cosas como esta. Para el lector cómodo, es fácil analizar a Judas y dar con los puntos clave de la historia de la traición sin pensar demasiado en ello. La razón por la que merece la pena analizarla, sin embargo, es que la historia de Judas contiene numerosos factores teológicos significativos que deben tratarse y conciliarse en algún momento al investigar la religión.

El primero, pero no menos importante, sería por qué sucedió esto. Diferentes escritores dicen que el diablo vino «dentro» de Judas o «sobre» él. Otros parecen insinuar que simplemente era un hombre malvado desde el principio. Pero ya podemos ver cómo las preguntas y las respuestas conducen a más preguntas. Si el diablo vino sobre o dentro de Judas en algún momento alrededor de Betania, ¿qué dice eso sobre el tiempo anterior a la llegada del diablo?

Solo Lucas parece admitir a regañadientes que Judas pudo, en un momento dado, realizar milagros como el resto de los apóstoles. De hecho, incluso el propio Jesús dice «uno de vosotros» al predecir su traición, lo que podría interpretarse como la continua afiliación de Judas al grupo o simplemente su presencia en la sala. A pesar de la simplicidad de esta última interpretación, Judas siempre está incluido en las discusiones sobre los doce apóstoles, pareciendo que nunca pierde realmente su lugar hasta su muerte.

Aquí es donde las cosas empiezan a ponerse no necesariamente complicadas, sino difíciles de pensar. Juan no parecía tener ningún problema en dar su opinión sobre Judas, probablemente por el hecho de que uno de sus amigos había vendido a su otro amigo. Estar allí probablemente contamina la objetividad de uno en un asunto como este. Sea cual sea su punto de vista filosófico, Juan señala sin rodeos que Judas era un ladrón. Cuando Jesús tiene los pies ungidos con perfume costoso, Judas habla, señalando que el perfume podría haber sido vendido y el dinero dado a los pobres. Juan no lo dejó pasar, pues señaló entre paréntesis que Judas no tenía intención de dar el dinero a los pobres; iba a vender el perfume y quedarse con el dinero.

Una vez más, en una nota aparentemente simple, se nos da un poco de información y un enigma teológico o dos. Uno, podemos extrapolar que Judas debió actuar como ecónomo o contable del grupo. Incluso este tipo de hecho básico es un buen ejemplo de algo que se pasa por alto. Cuando se pasan por alto estas nociones cotidianas, no es de extrañar que a menudo nos olvidemos de considerar lo que esto podría haber implicado tanto sobre Judas como sobre Jesús.

Si Judas era uno de los doce apóstoles, hacía milagros y tenía su peso, y luego se le echó encima el diablo, ¿por qué Juan se apresura tanto a hablar mal de él? Por otra parte, si Judas estaba podrido desde el principio, ¿por qué lo escogió Jesús? ¿Estaba Jesús preparando su propia muerte y dejando que Judas pagara el precio? ¿O era Judas un ser sin libre albedrío para decidir, una especie de autómata puesto en marcha simplemente para llevar a cabo todo este plan de crucifixión?

Obviamente, este tipo de preguntas quedan fuera del punto de vista puramente histórico al que pretende ceñirse este libro, pero ofrecen grandes ejemplos de la complejidad de los relatos bíblicos y volverán a ser relevantes en nuestra sección final sobre Pablo. Intentar encontrar algún tipo de respuesta con la que uno se sienta cómodo en estas situaciones nunca es tan fácil como parece.

Pero para continuar, sabemos que Judas reunió su recompensa y luego, aparentemente, esperó su momento hasta que fuera el adecuado para entregar a Jesús. Cabe suponer que, si el diablo estuviera dentro de él en ese momento, Judas no tendría interés o capacidad para arrepentirse antes de llevar a cabo su plan hasta el final. De nuevo, esta es una cuestión teológicamente complicada y no debería ser pasada por alto. El tiempo pasa y, como veremos, Judas acaba cambiando de opinión.

Quienes conozcan la historia sabrán que Jesús no solo predice su propia traición, sino que básicamente le dice a Judas que «siga adelante». La previsión aquí abre de nuevo las cuestiones muy reales del libre albedrío y de un universo abierto o cerrado que los filósofos, tanto dentro como fuera del cristianismo, se han estado planteando durante siglos. Tal vez, dadas las siguientes acciones de Judas, del mismo modo que el diablo entró en él, el diablo lo abandonó después de que Jesús fuera entregado a las autoridades. Este tipo de interacción satánica no es tan común como uno podría pensar en las Escrituras, con Jesús siendo tentado por el diablo y la historia de Job siendo las únicas otras dos áreas principales fuera del Jardín del Edén donde Satanás parece realmente tomar el control de las cosas.

Independientemente de la ruptura espiritual o teológica específica, lo que sabemos a continuación es que Judas tiene un cambio extremo de opinión. El Evangelio de Mateo es el único que nos relata el destino de Judas; los otros tres simplemente dejan que la historia se desvanezca, casi como si Judas hubiera cumplido su propósito. Sin embargo, Lucas añade algunos detalles a la historia que Mateo tal vez omitió.

Según Mateo, Judas devuelve el dinero al templo y se dirige a un lugar llamado «campo de sangre», donde se ahorca. Este lugar, llamado Aceldama, puede visitarse hoy en día, aunque obviamente falta cualquier tipo de prueba de este suceso. En el libro de los Hechos, la versión de Lucas añade algunas notas adicionales. Se discute si Judas era el dueño del campo o si, después de devolver el dinero, en un momento de piadosa hipocresía, los funcionarios decidieron que no podían quedárselo porque era dinero manchado de sangre. En esta versión de la historia, compran el campo para convertirlo en una especie de cementerio de alfareros (un cementerio para desconocidos o pobres). En una especie de coincidencia cósmica, Judas muere allí. Tanto si Judas murió en su propia tierra como en una tierra comprada con su dinero, su muerte es una nota consistente. Lo que varía, sin embargo, es la muerte en sí. Mateo se contenta con dejar que Judas se ahorque, pero Lucas afirma que Judas cayó al suelo y se reventó, lo que nos trae a la mente la imagen de una pieza de fruta podrida que se deja caer desde una altura.

Ya hemos hablado anteriormente de la armonización de los Evangelios, y es justo señalar que estos dos pasajes aparentemente contradictorios han sido a menudo objeto de una práctica similar. Aunque Mateo dice que Judas se ahorcó y Lucas dice que el hombre se reventó, los padres de la Iglesia se apresuraron a señalar que estos hechos no se excluyen mutuamente. Tal vez, razonaron, Judas se ahorcó, y después de que su cuerpo hubiera estado colgando del árbol durante un tiempo y se hubiera producido el proceso natural de descomposición, su cadáver cayó del árbol y luego se abrió en el suelo, con lo que ambos relatos de la historia estaban en armonía.

Ciertamente, no hay ningún problema con esta descripción bastante lógica de los hechos, pero vale la pena señalar que, históricamente, Judas no es la única persona que estalló. Una búsqueda superficial en la literatura de la época mostrará un buen número de casos en los que se dice que un hombre particularmente malo, especialmente un funcionario político o gubernamental, se hincha hasta reventar, con todo tipo de cosas saliendo de ellos. Así pues, es difícil saber si se trata de un recurso literario empleado por Lucas o simplemente de una explicación más gráfica de los hechos.

Lo que está claro es que, tras su muerte, Judas ya no se menciona en la Biblia. Para obtener más información sobre este infame apóstol, se necesitan otros textos. Como se ha mencionado anteriormente en esta sección, Judas ha sido visto tradicionalmente de dos maneras: como un hombre «malvado» o como un hombre «maldito». Si Judas estaba maldito, realmente no tenía nada que decir sobre sus acciones y estaba destinado a traicionar a Jesús. Esto, por supuesto, plantea la pregunta, ¿habría ido Judas al cielo, ya que simplemente estaba siguiendo el plan del Señor? Dante, el autor de la *Divina Comedia*, dice que no, por lo que vale su opinión. Pero si no es así y Judas fue un malvado toda su vida, ¿no lo habrían sabido Jesús y los demás?

Según el Evangelio de la infancia árabe, la respuesta a esta segunda pregunta es afirmativa. Este libro narra la historia de Judas y Jesús desde su infancia. A lo largo de la narración, Judas se muestra cruel con Jesús. Parece regocijarse en su insensibilidad, e incluso en un momento dado golpea a Jesús en el costado, en el mismo lugar en el que la lanza del centurión le atravesará más tarde la carne. También existe el Evangelio de Judas, de traducción bastante reciente, que se publicó por primera vez en inglés en 2006. Aunque era la primera vez que los lectores de habla inglesa tenían la oportunidad de examinar estos diálogos entre Jesús y Judas, muchos de los cuales se centran en quitar culpa a Judas o incluso en alabarlo por seguir el plan de Dios, Ireneo (nacido alrededor del año 130 d. C.) ya había leído y descartado el libro como apócrifo en su época.

Con el paso de los años, Judas siguió siendo un personaje bíblico que invitaba a la reflexión. A mediados de la década de 1850, Thomas de Quincey se metió en algunos problemas por sugerir que quizá Judas no actuaba bajo la influencia del diablo, o al menos no de la forma en que tradicionalmente se piensa. De Quincey sugirió que tal vez Judas estaba cansado de esperar a que Jesús hiciera un movimiento y decidió que, forzando efectivamente la mano de Jesús, el Mesías no tendría más remedio que seguir adelante con su plan y apresurar la llegada del Reino de Dios.

Seis siglos antes, Jacobus de Voragine tenía una visión diferente de las cosas. En su obra, la *Leyenda Dorada*, la historia de la vida de

Judas se presenta al público en lo que debe suponerse que era sin duda ficción. Incluso para quienes no estén familiarizados con las obras de Sófocles, el ciclo de la historia edípica no es terriblemente único, y de Voragine lo aplicó a la biografía de Judas, solo que con elementos contextuales cambiados para adaptarse al escenario.

Al final, cada lector tendrá que descubrir por sí mismo los entresijos de la historia de Judas. Hubo una secta de cristianos que se llamaban a sí mismos setianos en honor al hijo de Adán y Eva y que de vez en cuando aparecían en estos temas periféricos, haciendo también una breve aparición en los estudios sobre Tomás. Este grupo en particular afirmaba estar en posesión de tablas de piedra que contenían conocimientos secretos relativos, entre otras cosas, a la vida de Judas. Si este es realmente el caso, debemos seguir esperando hasta que este conocimiento secreto sea compartido con nosotros. Hasta entonces, debemos hacer lo mejor que podamos con lo que tenemos.

En las representaciones, Judas suele sostener las treinta monedas de plata que recibió como pago.

Matías

Como se dijo al principio de esta sección, Matías es quizá el apóstol menos mencionado de todos. Ahora hemos hecho la transición lejos de los doce originales, así que las cosas se ponen tan ásperas como uno esperaría. Fuera del libro de los Hechos, nunca se menciona a Matías. Incluso dentro de este libro, su nombre solo aparece al principio cuando se menciona que va a ser el sustituto de Judas. Cómo y por qué ocurre esto es interesante de por sí, pero quizá no sorprenda que los libros no canónicos se adelanten y nos proporcionen un poco más de información sobre este singular individuo.

A veces llamado «el decimotercer apóstol», Matías sale un poco del campo izquierdo desde el principio. Lucas nos dice que después de la muerte de Judas, los apóstoles restantes se reunieron, y Pedro habló algunas palabras con respecto a la profecía del Antiguo Testamento y lo que tenían que hacer con respecto a la apertura en su grupo. Dos hombres, Matías y José llamado Barrabás (también conocido como Justo), habían estado con el grupo, presumiblemente en forma de discípulos activos, y los apóstoles tenían que decidirse por uno de ellos.

La presencia de seguidores no mencionados no es una sorpresa a estas alturas, ya que los apóstoles se dirigen casi constantemente a las multitudes en nombre del Señor. De hecho, después de un pequeño contratiempo inmediatamente después de la resurrección, cuando todo el mundo parecía comprensiblemente deprimido, parece que, al menos en opinión de Lucas, los apóstoles se movieron a toda máquina. Surgen, pues, algunas preguntas.

La primera se refiere a los doce apóstoles como grupo. El hecho de que decidieran que había que elegir un sustituto parece dar cierta credibilidad al hecho de que tenían que ser doce. La respuesta fácil aquí sería que esto está simplemente en relación con las doce tribus de Israel. El número doce es simbólico y no va mucho más allá. Si ese es el caso, se plantea la pregunta, ¿por qué los otros apóstoles no fueron reemplazados cuando fueron martirizados? Puede parecer una pregunta insignificante o ignorante, pero en cierto modo, no parece demasiado diferente del liderazgo consistente de un papa, excepto que, en lugar de un hombre, habrían sido doce.

Sea cual sea el razonamiento subyacente, este es un buen ejemplo de Pedro tomando la iniciativa y tomando decisiones de mayor envergadura, o al menos presentando oportunidades al grupo. Aunque puede que haya sido un puesto algo efímero, al menos en un estado no cuestionado (Pablo se vislumbra en el horizonte), Pedro al menos parece estar intentando asumir el papel para el que Jesús lo había llamado. Lo más curioso de todo esto es que, aunque Pedro ordena a los apóstoles que recen sobre el asunto, una solución casi aburridamente comprensible, no termina ahí las cosas.

Pedro, o el Señor a través de Pedro, o tal vez el grupo en general, son capaces de reducir sus opciones a dos candidatos: Matías y Barrabás. Ahora, en lugar de seguir rezando o pasar a algún tipo de proceso de selección más estándar, los apóstoles echan a suertes quién ocupará el lugar de Judas. Es posible que se trate de una forma arcaica de decir «votaron», pero dados los usos anteriores del término a lo largo de las Escrituras, parece implicar algún tipo de lanzamiento de palos o piedras para dar a Dios la última palabra sobre quién debía dar el paso. A riesgo de parecer frívolo, no es muy diferente de si lo hubieran dejado al azar.

Independientemente de lo que pueda deducirse de esto, aquí suceden dos cosas interesantes. Como se mencionó hace un momento, Matías es la última persona mencionada como parte del grupo «oficial» de los apóstoles. También es la última vez que se menciona el echar suertes en la Biblia. Si esto es una coincidencia, algún tipo de sutileza, o ninguna de las dos cosas, nunca lo sabremos. Lucas no se toma el tiempo de explicarlo y se limita a proseguir con su relato. Curiosamente, lo hace sin volver a mencionar a Matías.

Salirse de la Biblia enturbia las aguas casi de inmediato. Aunque hay un par de libros apócrifos que llevan el nombre de Matías, no se puede afirmar con certeza, ya que algunas fuentes se refieren a un hombre llamado Tolmai que parece encajar en el perfil, y el historiador Clemente, que es bastante fiable, habla de un Zaqueo que también tiene un parecido sorprendente con el decimotercer apóstol.

En el Evangelio de Lucas, Jesús envía a un grupo de 70 o 72 discípulos en una misión especial, y algunos han sugerido que Matías formaba parte originalmente de este grupo, aunque el autorreferencial Lucas no hace ningún comentario sobre su anterior escrito cuando surge el tema del sorteo. El teólogo Hipólito de Roma apoyó esta teoría, aunque el escrito en el que lo hace suele considerarse pseudoepigráfico. Curiosamente, el siempre fiable Eusebio está de acuerdo con la afirmación, independientemente de quién la escribiera en realidad. Otros encuentran pruebas de que Matías había estado con Jesús quizás desde el bautismo de Jesús por Juan el Bautista. Otros argumentan que este no era Matías con Jesús, sino otro hombre llamado «José llamado Barrabás».

El escurridizo de Matías continúa a través del Evangelio de Matías, que existe, pero lleva la evidencia de ser, en el más viejo, a partir del 2do siglo d. C. También hace una aparición interesante en un libro llamado los Hechos de Andrés y Matías, en el que los dos apóstoles hacen el viaje predestinado a la «Ciudad de los Caníbales».

Con la cantidad de confusión que rodea a quién fue este hombre y lo que hizo, no debería sorprender que el final de su vida no esté claro. Ni siquiera la tradición eclesiástica se pone de acuerdo sobre la historia de Matías. En algunas versiones de su vida, termina en Capadocia, en la costa del mar Caspio. Esto podría referirse a una zona cercana a la actual Georgia, pero fuera donde fuera, Matías fue crucificado allí. Según otra tradición, Matías acabó en Jerusalén, donde fue apedreado y decapitado. Una tercera tradición, quizá la preferida, aunque solo sea por su sencillez, dice que Matías regresó a Jerusalén, donde murió de viejo.

Tal vez no deba sorprendernos que un hombre tan brevemente mencionado en la Biblia sea difícil de encontrar en cualquier otro lugar del registro histórico. Sin embargo, es lógico que, dada la importancia que Pedro parecía conceder a su búsqueda, hubiera alguna anotación sobre lo que hizo o adónde fue. Por otra parte, como hemos visto, formar parte de los doce apóstoles originales no era garantía de notoriedad o prestigio histórico. Quizá sea apropiado que, en el caso de nuestro último apóstol, uno de los debates más acalorados sea si se lo deba considerar como tal.

Capítulo 10 - Pablo

Nuestra última sección de este viaje a través de la Biblia trata de un hombre que, en cierto modo, desafía toda clasificación. Si se quiere ser coherente con las listas bíblicas de apóstoles, Pablo ni siquiera debería ser mencionado. Incluso Matías es un caso especial. Pero con Pablo, la cuestión de su autoridad es algo que se ha debatido desde los tiempos de los propios apóstoles. Naturalmente, Pablo y otros consideran que su palabra es igual a la de Pedro, Mateo, Lucas o cualquier otro escritor. Algunos eruditos sostienen que, en ciertos casos, los escritos de Pablo prevalecen sobre los de los demás. Los problemas que surgirían si Pablo se antepusiera al hombre que Jesús posiblemente ungió como primer papa están claros desde el principio. Una vez que la personalidad individual de Pablo, que se hace evidente en sus cartas y su aprendizaje más hacia ciertos apóstoles en algunos aspectos, entra en la refriega, la tensión en la iglesia primitiva es claramente no solo entre los nuevos creyentes o plantadores de iglesias. Las luchas internas y los desacuerdos que se encuentran en todo grupo apasionado no tardaron en encontrar su lugar entre estos hombres venerados.

Lo que sabemos de Pablo es bastante abundante y, en su mayor parte, indiscutible. Aunque al principio se llamaba Saulo de Tarso, tras su encuentro con Jesús y su posterior conversión, pasó a llamarse Pablo. Sabemos que era un judío de la diáspora, formado como fariseo y dedicado con vehemencia a defender la Ley mosaica hasta que, en el camino de Damasco, todo cambió. Algo que distingue la biografía de Pablo es que, si bien el Nuevo Testamento es un conglomerado de escritores, se cree que Pablo es responsable de casi la mitad de los libros incluidos en él. Además, debido a la propia naturaleza de las cartas de Pablo, este se ve obligado a hablar de sí mismo de un modo que otros escritores pudieron evitar. No hay una simple afirmación de autoría y posterior desaparición del autor, y desde luego no hay la timidez que encontramos en el Evangelio de Juan. De hecho, en la carta a la iglesia de Galacia, Pablo parece, en efecto, quitar de en medio al escriba para escribir al menos una parte de la carta de su puño y letra.

Así que, con todo esto a nuestro alcance, ¿cómo podemos hablar sucintamente de la influencia de un individuo que se aparta tan claramente del grupo, al tiempo que intenta participar de alguna manera? Esto parece ser algo con lo que incluso el propio Pablo luchó.

Una cosa que sabemos con certeza es que Pablo nunca estuvo tan solo como podría parecer a primera vista. No, no estuvo presente en la mayor «acción» del Nuevo Testamento. En el momento en que entró en escena, los principales acontecimientos del inicio del libro de los Hechos ya habían tenido lugar, y los apóstoles, en cierta medida, habían comenzado sus diversas misiones. Pablo tiene un compañero de viaje llamado Bernabé, que, aunque no es considerado apóstol, es santo en la Iglesia católica.

Además, Pablo menciona a menudo visitas con apóstoles y discípulos, como Marcos (o Juan Marcos), Santiago (al que se refiere como «el hermano de Jesús») y, por supuesto, inevitablemente, Pedro. Aunque esto no tiene por qué verse como un cisma en la Iglesia, es importante señalar que, en muchas ocasiones, Pedro y Pablo no coincidían y parecían llevarse mejor cuando no se relacionaban en absoluto. Esto puede parecer extraño teniendo en cuenta que ambos intentaban predicar el mismo evangelio, pero como se puede ver hoy en día, una vez que se mezclan personalidades opuestas, las cosas se ponen difíciles.

Para empezar, el Libro de los Hechos afirma que Pablo estudió con un hombre llamado Gamaliel. Esto significa que Pablo era un maestro religioso de formación clásica, que había seguido los cursos requeridos en la sinagoga para convertirse en fariseo o maestro de la ley. Aunque el paralelismo no es exacto, la comparación con un abogado de hoy en día no está muy lejos de la realidad. Pablo estaba muy bien educado en lo que se refiere a la historia judía, las creencias y, lo que es más importante, la Ley de Moisés. Vale la pena señalar que hay otro grupo similar pero distinto de líderes judíos mencionados en el Nuevo Testamento llamados los saduceos. En su base, los saduceos eran más de la corteza superior de la jerarquía judía, mientras que los fariseos tenían más en común con el judaísmo tal y como se practica hoy en día. Mientras que los fariseos estaban involucrados con la sinagoga, los saduceos se habrían centrado en el templo.

Así que ya tenemos a un hombre decidido, inteligente y apasionado persiguiendo sus objetivos. Cuando estas cosas se ponen básicamente patas arriba, hará falta algo más que un ligero ajuste de rumbo. Y aquí es donde entra en juego la humanidad de los apóstoles. Como hemos visto una y otra vez, los primeros seguidores de Cristo no eran inmunes al error. De hecho, a veces puede sorprender dónde y con qué frecuencia tienden a desviarse del rumbo o a no captar un concepto que Jesús está tratando de transmitir. Esto se agrava cuando el hombre en cuestión ni siquiera estuvo cerca de Jesús durante su ministerio terrenal. En muchos sentidos, Pablo fue abandonado a su suerte cuando se trataba de entender esta nueva religión. Aunque sus opiniones a menudo diferían de las de los apóstoles tradicionales, no parecían apagar su fuego.

Sin abrumar al lector con numerosos ejemplos específicos y referencias a los versículos de la biblioteca completa de los escritos de Pablo, vamos a dar una visión general de algunos de los principales puntos de su ministerio que parecen estar en desacuerdo con los otros apóstoles, más típicamente Pedro.

Pablo es conocido por algunas ideas generales que han llegado a considerarse principios de la fe. Una de ellas es que los creyentes son justificados por la fe, no por ningún acto concreto que realicen y que, en cierto sentido, les «otorgue» el derecho a ir al cielo. Como idea, parece lógica y acorde con las enseñanzas de la Biblia. Pero basta con echar un vistazo a la epístola de Santiago para encontrar un pequeño problema. Aunque parece bastante claro que Santiago no está defendiendo una fe de «solo obras», sí hace una observación válida cuando pide al lector que muestre fe sin obras, en contraposición a mostrar fe por lo que uno hace. Este es un aspecto mental importante de lo que ocurre con Pablo, y debe señalarse aquí para una discusión posterior.

Otro dicho o idea que se asocia fuertemente con Pablo es el de llegar a ser todas las cosas para todas las personas. Con esto, Pablo está diciendo esencialmente que la Ley de Moisés ya no tiene el mismo peso. De hecho, llega a hacer comentarios que hacen caso omiso de las leyes dietéticas establecidas en los libros de la ley, diciendo que no es necesariamente malo comer carne sacrificada a los ídolos e incluso reprendiendo a Pedro por levantarse de la mesa cuando se sirve comida de este tipo.

Una razón por la que esto podría ser un punto tan importante para Pablo es que es básicamente lo que Jesús hizo por él. Cuando Pablo iba camino de Damasco, era conocido por ser un azote para los cristianos. Perseguía a los creyentes sin descanso y disfrutaba siendo bueno en su trabajo. En su mente, estaba cumpliendo con su deber como fariseo y estaba haciendo lo correcto a los ojos de Dios. Si Jesús hubiera decidido esperar a que Pablo acudiera a él, probablemente seguiría esperando. En cambio, según Pablo, Jesús lo buscó activamente y pudo ponerlo en el camino correcto.

Conversión camino de Damasco, de Caravaggio
https://commons.wikimedia.org/wiki/File:Conversion_on_the_Way_to_Damascus-Caravaggio_(c.1600-1).jpg

He aquí el quid de la cuestión. ¿Cómo se puede defender cualquier tipo de sistema moral y, al mismo tiempo, decir que, en cierto sentido, no hay necesidad de un sistema moral? Por mucho que a veces lo parezca, Pablo no buscaba una especie de libertad anárquica. Entendía, como Santiago, que las acciones en las que participamos hablan de nuestra fe. Al mismo tiempo, Pablo ya no parecía tener la osadía de afirmar que era él quien decidía lo que se exigía. De hecho, cuando algo era «requerido» por los otros apóstoles, Pablo parecía salirse de su camino para decir lo contrario. Esto queda claro no solo en la situación con los alimentos sacrificados a los ídolos, sino también en la práctica aún común de la circuncisión.

En aquella época, Pedro exigía que todo varón converso pasara por el proceso de la circuncisión. Comprensiblemente, hubo cierto rechazo a lo que podía ser un procedimiento bastante doloroso en aquella época. Pablo simplemente dijo: «No se preocupen por eso». En su mente, ser circuncidado era simplemente otro acto que no tenía peso en sí mismo. Si la circuncisión fuera el requisito para entrar en el cielo, sería bastante sencillo para cualquiera someterse al procedimiento y luego seguir viviendo sus vidas como quisieran. Era este tipo de teología de la laguna legal lo que más parecía molestar a Pablo.

Y esto no debería ser terriblemente sorprendente. Como dijimos, Pablo ya era un experto en la ley. Si alguien iba a ser lo suficientemente inteligente como para encontrar una salida fácil, habría sido Pablo. Es lógico que este tipo de astucia estuviera en el corazón de su exasperación con los otros apóstoles y su insistencia en una teología confusa en la que Jesús cumplía la ley, liberando así a la gente de ella, y al mismo tiempo exigía que la gente siguiera algunas partes de la ley. Para empeorar las cosas, no había ninguna rima o razón real para qué leyes se consideraban en vigor y cuáles se podían dejar pasar.

Un ejemplo de ello es la tradición aún vigente de «pescar los viernes». En ningún caso estamos sugiriendo que la Iglesia católica condene a la gente al infierno si comen carne vacuna en lugar de pescado los viernes. Sin embargo, este tipo de norma mosaica persistente habría sido rampante durante el siglo I. Y para ser justos, esto es comprensible. Como hemos mencionado en numerosas ocasiones, este grupo de jóvenes se encontraban un día ocupándose de sus asuntos y al día siguiente liderando una revolución religiosa. Como nos muestra Pablo, incluso los líderes religiosos mejor formados podían verse abrumados por la tarea.

Más que ningún otro autor bíblico, Pablo proporciona amplia y detallada información sobre su vida, así como una teología profunda y compleja para su estudio. Teniendo esto en cuenta, se anima al lector a indagar más allá de este breve esbozo. Algunos han dicho que Pedro es básicamente la razón de ser de la Iglesia católica, del mismo modo que Pablo puede considerarse el padre del movimiento protestante. Aunque se trata de una drástica simplificación de las cosas, sirve como un sucinto marcador de posición hasta que se pueda buscar más información.

Para concluir nuestro viaje y nuestra reducida sección sobre Pablo, baste decir que, aunque comenzó su labor en la iglesia de Antioquía de Siria, pronto se convirtió en un viajero y conocido predicador de Jesús y sus enseñanzas. Aunque no está claro qué fue de este hombre (al que a veces se alude confusamente como «el decimotercer apóstol»), la tradición dice que fue martirizado hacia el año 65 d. C. Se puede ver a Pablo sosteniendo un libro o una espada, o a veces una combinación de ambos.

Conclusión

El paso por la vida de estos catorce hombres, especialmente en un volumen tan breve, puede dejar al lector con una amplia variedad de reacciones. En algunos lugares, las historias pueden ser confusas, enrevesadas, contradictorias o incluso simplemente ausentes. En otros lugares, puede parecer que hay tanta información disponible que uno nunca la superará por completo. En la biblioteca donde me siento y escribo esto, cinco estantes llenos están dedicados únicamente a Pablo; en la universidad de la calle, ese número se triplica fácilmente. Por lo tanto, eso deja al lector laico con un pequeño problema en caso de que desee seguir cualquiera de los temas mencionados anteriormente. ¿Por dónde empezar?

Como hemos visto, la Biblia es un buen punto de partida, pero para hombres como Felipe o Bartolomé puede resultar difícil saber adónde ir a partir de ahí. Por lo general, a lo largo de este libro nos hemos referido a la tradición y la leyenda eclesiásticas, así como a un puñado de historiadores generalmente aceptados. Sin embargo, hay otra opción que algunos lectores pueden desear seguir, y es la opción de los libros apócrifos o «extrabíblicos». Aunque en el texto se han mencionado de pasada algunos de ellos, conviene señalar que la respuesta de los eruditos a obras como los Hechos de Felipe o el Evangelio de Tomás es más que variada. El lector también debe tener en cuenta el objetivo o la intención general del autor.

Más que casi ningún otro libro, la Biblia ha sido diseccionada en todos los formatos posibles. Algunos textos, como hemos hecho aquí, examinan los relatos desde una perspectiva puramente histórica, tratando de discernir qué hechos podemos acerca de las personas específicamente mencionadas en sus páginas. Otros consideran los diversos escritos como textos literarios y evalúan las cosas desde una perspectiva narrativa o poética. Para otros, la Biblia es una especie de tratado filosófico que hay que archivar junto a Kant o Epicuro. Es importante tener en cuenta estas distinciones a la hora de llevar a cabo su propia investigación, no solo para ahorrarse mucho tiempo y energía, sino también para asegurarse de buscar en las áreas correctas y cumpliendo con sus responsabilidades académicas.

Lo que hace que los libros adicionales de la Biblia no sean canónicos es variado y específico de cada manuscrito. Algunos tienen un origen dudoso; otros parecen exponer creencias contradictorias o abiertamente anticristianas. Algunos, por sorprendente que pueda parecer cuando se habla de un libro lleno de milagros, simplemente no se consideraron creíbles en el contexto más amplio de la Biblia en su conjunto. Sea como fuere, lo cierto es que esos textos adicionales existen.

Algunos lectores pueden observar que la Biblia utilizada por la Iglesia católica incluye a menudo más libros que la utilizada por las denominaciones protestantes. Además, las iglesias ortodoxas etíope y eritrea aceptan el Libro de Enoc, lo que las convierte en las dos únicas religiones cristianas del mundo que lo hacen. No es la intención ni el deseo de este autor promover o denigrar ninguna de las decisiones tomadas con respecto a la inclusión de un libro ahora o en el pasado. Pero es importante que cualquier lector sea consciente de los textos que existen fuera del marco de referencia típico.

Sumergirse en los rincones oscuros de la historia, desentrañar las historias de oscuros personajes del pasado y buscar fuentes, pistas, referencias e implicaciones es algo que a menudo conlleva imágenes de viejas bibliotecas llenas de moho o arqueólogos con látigo. Esperemos que, al concluir este volumen, pueda ver que aún quedan muchas preguntas por responder y que cualquier persona con tiempo y ganas puede unirse a la búsqueda de los personajes históricos de la Biblia. Tanto si le lleva a recorrer el mundo en busca de yacimientos antiguos como si le lleva a un viaje más interno y espiritual, espero que pueda utilizar este libro como punto de partida para su propia investigación y como mapa general de algunas paradas que puede hacer en el camino.

Vea más libros escritos por Captivating History

Fuentes de consulta

Este libro solo pretende ser una señal que indique caminos para estudios posteriores, y muchos de los detalles más básicos sobre lugares, periodos de tiempo, viajes, etc. pueden encontrarse en cualquier Biblia de estudio moderna.

Barker, Kenneth L. gen. Ed. *NIV Study Bible: 1995 Edition*. Grand Rapids, MI: Zondervan. 1995.

Bissel, Tom. *Apostle*. New York City, New York: Vintage Publishing. 2017.

Maier, Paul L. *Eusebius: The Church History*. Grand Rapids, MI: Kregel Publications. 1999.

Pope Benedict XVI. *The Apostles: The Origin of the Church and Their Co-Workers*. Huntington,

IN: Our Sunday Visitor. 2010.

Made in the USA
Columbia, SC
23 December 2023

29408596R00055